U0716916

世界之大，杨银说"微"

微信群招商终极成交
修炼笔记

杨银 ◎ 著

中国财富出版社

图书在版编目（CIP）数据

微信群招商终极成交修炼笔记 / 杨银著 . —北京：中国财富出版社，2017.6

（世界之大，杨银说"微"）

ISBN 978-7-5047-6539-0

Ⅰ . ①微… Ⅱ . ①杨… Ⅲ . ①网络营销 Ⅳ . ① F713.365.2

中国版本图书馆 CIP 数据核字（2017）第 155888 号

策划编辑	单元花		**责任编辑**	单元花		
责任印制	方朋远 梁 凡		**责任校对**	胡世勋 卓闪闪	**责任发行**	董 倩

出版发行	中国财富出版社			
社 址	北京市丰台区南四环西路 188 号 5 区 20 楼	**邮政编码**	100070	
电 话	010-52227588 转 2048/2028（发行部）	010-52227588 转 307（总编室）		
	010-68589540（读者服务部）	010-52227588 转 305（质检部）		
网 址	http://www.cfpress.com.cn			
经 销	新华书店			
印 刷	北京京都六环印刷厂			
书 号	ISBN 978-7-5047-6539-0/F·2789			
开 本	710mm×1000mm 1/16	**版 次**	2017 年 12 月第 1 版	
印 张	16.5	**印 次**	2017 年 12 月第 1 次印刷	
字 数	253 千字	**定 价**	49.80 元	

版权所有·侵权必究·印装差错·负责调换

序一

非常开心杨银能够在这样浮躁的社会里沉下心来完成这样一部有关移动互联网的著作。杨银是我的爱徒，当接受他的邀请写序时，我很欣慰。感觉本书既有对当下移动互联网营销的客观呈现，又有对移动互联网营销的理论和方法指导，是一本新时代互联网营销的实战书籍。

现代营销学之父菲利普·科特勒教授把营销的演进划分为三个阶段，前两个阶段分别是"以产品为中心的时代"和"以消费者为中心的时代"。如今我们即将看到第三个阶段——营销3.0时代，即"以人文为中心的时代"。在这个新时代中，营销者不再把顾客仅仅视为消费个体，而是把他们看作具有独立思想、心灵和精神的完整的人类个体。"交换"与"交易"被提升成"互动"与"共鸣"，营销的价值主张从"功能与情感的差异化"被深化至"精神与价值观的相应"。

从杨银的书中我们可以很容易理解为什么社群营销这么火爆，因为社群营销的起点与基石是相同的价值取向，其顺应了"以人文为中心的时代"。多年来，杨银对互联网领域和移动互联网领域的深入研究和实践，帮助了很多企业和团队转型升级。

2017 年是新微商元年，这一年宣告传统微商野蛮生长的历史正式结束，新微商时代正式来临！在一个伟大的时代开始之时，杨银在书中提到的"人的品牌"具有时代的意义，人的品牌是在"人高于一切"的移动互联网时代出现的概念。本书基于"人性化诚信经营"理念和"帮助别人成功"的利他思维提出的新微商品牌概念将帮助更多微商品牌化发展。

相对于企业品牌和产品品牌，人的品牌更强调人的价值和道德力量，标志着品牌从物到人、从组织到个人的历史性回归。

"80 后""90 后"这些群体接受了市场经济、全球化、互联网进程的洗礼，他们的人生观、价值观和世界观以及由此衍生出的消费观，呈现出与其父辈迥然不同的特征。希望本书能够给你带来全新的视角，帮助更多的企业和团队顺利转型。

尚美春天（香港）国际集团总裁

"永红弟子会"创始人

王永红

2017 年 1 月 9 日

序二

　　勤奋的杨银，用了7年的时间沉淀和总结，在不到一年的时间把在互联网营销行业看到的、想到的、学到的、失败过的、成功过的，整理、归纳、总结、升华成了本书。我很佩服他能够在非常纷扰繁忙的创业时间里，拿出精力和激情奋力笔耕。我对他在互联网领域纵横捭阖、传经布道的身影看在眼里，赞在心里。他是一个从一线"草根"成长起来的互联网高手，他对电商、对移动互联网，有着非同一般的敏感和洞见，经他辅导的企业觉得非常实战、易落地，并取得了很好的结果，很多企业向他请教互联网战略与营销。

　　杨银的全网营销布局系统在微商圈子里名闻遐迩，他的知识更新速度非常快，看问题的角度非常新颖，他对趋势的判断和把握常常让人叹服。2015年随着中国经济的调整、国家政策的不断改革，杨银敏锐地观察到"互联网＋"带来的新一轮创业潮，那时候，我刚刚起盘一个新项目——艺鑫电商，于是我们一拍即合，打造了一个"大众参与、会员众筹、一起创业、人人分享"的电商平台，杨银在全网营销布局上给我们公司作出了很大贡献。

　　本书有很多创新的观点、鲜活的案例，有很强的参考价值。我高度认同他"人的品牌"的时代主张，也高度认同"人"正在成为这个时代联结的主旋律。杨银为人的价值讴歌，为创业者的才智叫好，他用他的观察与思考，在一个个"貌不惊人"的人与一件件"惊天动地"的事之间，找到了神秘的联系，告诉很多微商从业者、行销从业者，"人"是世间一切伟大事业的主体，鼓励更多的创业者发现自身的价值，投身这个创业的时代。这也是"艺鑫电商"提出的理念。

杨银博学强识、反应灵敏、能言善辩、志得意满，他本身就具有"网红"潜质，他自己就是一个"大咖"，以他介入中国移动互联网的广度与深度，只要他继续努力，广结善缘，百尺竿头，更进一步，我相信他能为社会和行业作出更大的贡献。

祝贺本书的出版。微商、行销或者是传统创业者多看看杨银的心法，一定会有所启发，尤其会在人的品牌和网络成交上获益良多。

艺鑫集团董事局董事长
甘肃温州商会常务理事
甘肃江苏商会副会长
张管旭
2017 年 2 月 2 日

序三

　　年轻的互联网导师杨银有新书要出版了！杨银是"90后"，他小小年纪仅在 7 年之内就取得令人刮目相看的成绩，实在让人惊喜不已。更重要的是，这个"90后"为梦想执着，不抛弃、不放弃的精神实在可贵。

　　本书讲的是这个时代的"风口"，如今微商盛行，但是很多企业不相信，他们这一群人将错失再一次获得巨额财富的机会。现在已经有企业靠微商一年的销售额突破亿元，而且是在没有扩招一名销售员的情况下。这充分证明：微商将改变整个商业格局，这是一个巨大的财富风口。

　　对于企业来说，微商是一个巨大的渠道红利，整合一群微商创业者，企业将拥有无数个产品销售渠道，并且成本是零，因为不需要招聘大量的销售员，不需要支付高额的工资，从而缓解企业的巨大经济压力。

　　本书揭示了微商如何完全改变传统商业的玩法，回到了商业的本质。以前，传统企业采用的是广告模式，而微商使企业进入了分享经济、共享经济的时代。

　　这是一本实战性极强的微商指导书，杨银在书中手把手教企业该怎么做，不该怎么做；这也是一本指导性极强的书，在书中不但给出了做法，还给出了使用这些做法的原因。

　　我一直有一个坚定的信念："一个人能走多远，不是看他有多么成功，而是看他能真正帮助多少人。"真心希望这本书能够帮助到您。

　　　　　　　　　　　　　　世界华人演说家俱乐部名誉主席

　　　　　　　　　　　　　　共和国四大演讲家之一

　　　　　　　　　　　　　　　　　　　　彭清一

　　　　　　　　　　　　　　2017 年 2 月 19 日

前言

只有偏执狂才能生存

回顾 2015—2016 年的历程，我简直不敢相信，自己竟然一个人花了一年多的时间在微信朋友圈持续分享"世界之大，杨银说'微'"。为了给微友提供最实战的内容，我进行了大量的调研和实践，阅读完市面上所有微商类书籍并进行落地。"三人行，必有我师焉。"感谢这些微商类书籍的作者，为这个行业提供了指导思想，同时，我也取其精华，去其糟粕，不断地提炼和修正。那段时间我都快把自己逼疯了，我准备将本书完稿之后，出去走走，放松一下，打开自己的思维。

我非常喜欢阅读，尤为喜欢安迪·格鲁夫的《只有偏执狂才能生存》。这位硅谷的标杆人物于 2016 年 3 月 21 日去世，人走了，但有些东西却永远留了下来，那就是除了这部经典传世之作外，还有他的精神！安迪·格鲁夫说了一句很经典的话："**只要涉及企业管理，我就相信偏执万岁。**"现在这句话也被我奉为圭臬。

通过朋友圈一年多时间的分享，我悟出了一些道理，尤其在微商巨头摩能国际推出"大海计划"后，我发现微商要走个人品牌路线，"人的品牌"或许是移动互联网的终极品牌营销。因为我不是专业作家，加之我一直忙碌于各个微商品牌的运作和团队的培训，所以一直没有落地本书。

我是一个双重性格特别明显的人，舞台上激情四射，舞台下非常安静，我不喜欢参加热闹的活动，喜欢禅坐静修，在佛堂里、山水边静思。我尝试把所有复杂的事情简单化，简单的事情精致化，所以在此也特别感谢"讯飞输入法"提供语音输入法，因为它为我节省了大量的时间。

这一年多的时间，我一直在追求一种最简单的成交方法。比如，耍耍嘴，写写字，形成一套让对方无法拒绝的成交方案。我不太擅长人情世故、阿谀奉承，不研究中国式推销，而是研究利用人性让对方喜欢我、相信我，并心甘情愿把钱掏给我。

我经常参加全国各地的学习，现在之所以还保持有比较好的成绩，都源于我对学习的重视。我有一段时间沉迷于销讲课程，就问老师：微商到底经营的是什么？我如何才能成功？他告诉我：**经营微商就是经营人，经营人心、人性和人欲，这个世界上，没梦想的跟有梦想的人走，有梦想的跟有格局的人走，有格局的人跟干大事的人走。放下自己的欲望去成就别人的欲望，你就能成功。**

于是我学会在任何时间、任何地点，跟任何人在一起，不再谈自己的梦想，不再谈自己想赚多少钱，买什么样的房，开什么样的车。我要从我的骨子里树立一种思想：和我的小伙伴一起实现我们共同的梦想！

我的老师时常告诉我：**格局决定结局，目标决定打法，速度决定生死。**在红尘当中我悟到了很多东西，所以才有了今天的这本书。

成交靠的不是一句话，而是一套方案和流程

在亲身经历的超过 200 场微信群招商课以及参加的各界行业大咖微群分享中，我实践过并深深地思考过，为什么在微信群中有一些人讲的内容并不

是最好的，但成交率却是最高的？他们靠什么深深吸引了大家的关注？我总结出的结论是：他们利用了人性。为什么有人疯狂为其产品和课程埋单？我发现这些行业大咖使用了那些不为人知的营销秘诀，成交让人难以抵抗。为什么很多人挤破脑袋都愿意做微商"网红"的代理，并且把他们都奉为神一般的人物？我找到的答案是：这些人都拥有一个共同的属性，那就是微演说。这一切的结果都是通过微演说实现的，所以我们应该真正掌握微演说的核心密码。

于是，我开始罗列用户下决定购买的理由和轨迹，通过微信群分享让微友们喜欢我并认同我，从而用零风险承诺和超级赠品售出我们的产品。每一次实验的成功都让我异常兴奋。我大量地参加各类微信群培训，不断地翻阅各个微商大咖朋友圈，不断收集用户成交的高潮点，终于悟出：**成交靠的不是一句话，而是一套方案和流程**。

人的品牌从朋友圈开始

当我悟到"成交靠的不是一句话，而是一套方案和流程"之后，我立刻找到我的老师聊起了这事儿。我说："老师，当我们拥有一套从开口讲话就完整设计的成交流程，是不是就能够解决团队销售的问题？"老师说："成交是能量的比拼，还没有开口讲话，对方就和你成交了，这才是成交的核心。回归到人，你应该从个人品牌开始。"

就是老师这简简单单的一句话，我却用了近半年时间去积累和实践，打造"银哥"这个自品牌，我发现自己的朋友圈很多微友喜欢看，因为我的分享能够给微友带来价值，并促使他们大量转发。我不断地将自己的思维、生活、产品、成长等一系列的东西融合在一起，让微友们持续不断地关注我、相信我，我便成了自己最大的信任背书。其背后的原因是：**我持续不断地重复这件事**。

《微信群招商终极成交修炼笔记》诞生记

我本是一个天天坐在电脑面前敲代码的"程序猿"，4年时间4次创业跌宕起伏，当我的人生跌到谷底的时候，通过公众演说、销讲和微营销，终于再一次站了起来。通过学习和实践之后，我发现太多的微友们需要这种方法，所以，我决定写这本专注于微信群销讲的《微信群招商终极成交修炼笔记》，帮助千万微商个人和团队快速掘金。让我们通过微演说、通过销讲让别人喜欢我们、相信我们、追随我们、成为我们，最终让自己在新微商时代开始腾飞！

最后，我要感谢一直在背后默默支持我的家人，是她们减轻了我很多的负担，给了我足够的时间思考。也感谢我的老师王永红先生、贵人田丰榕先生以及本书的梦想赞助商（见附录）。

在这里，我将尽我所能回顾这一年多时间的历程，将我在微商从业和培训中的每一次演说、每一次成交、每一个细节都记录下来，融汇于本书中，让本书成为新微商时代，微商人必备的可落地的工具书，看完并用于实践，就能为你的团队、你的事业带来无限价值。

微商指环王银哥（私人微信：yangyin028）

2017年2月写于成都

目 录
CONTENTS

第一章

失控：微商的最终命运和结局

传统微商的穷途末路

2016 年注定是微商的变更年，新微商、新模式的号角不断吹响。在 2015 年，许多小品牌、传统企业转型微商等如雨后春笋般涌现出来，代理层出不穷。2016 年，一切变得不一样，许多实力不足、产品不过关的小品牌消失殆尽。微商经过再一轮的洗牌，留下来的团队趋向专业化、诚信化、规范化；存活下来的产品，一般都是质量过硬、效果好的。2016 年的微商终于进入"产品为王"的时代。2016 年年末，微商巨头摩能国际率先提出"大海计划"，标志着 2017 年微商进入"以人为本"的元年，微商终究会进入"人的品牌"的时代。

从 2014 年微商的"风头正劲"到 2016 年"尸横遍野"，每个微商人都在寻找"大洗牌"后的下一个机会和风口。

阿里巴巴集团前总参谋长曾鸣教授曾经说过："**所谓战略，就是站在未来看今天。**"我们看一下传统企业转型电商，通过互联网打破信息不对称，成就了阿里巴巴，而电商向微商转移的很大一部分原因在于，现有的淘宝体系让小商家几乎没有获取流量支持的可能，除非肯花钱买"直通车"或参加各种活动，然而绝大多数的小商家并没有这样的经济基础。

众所周知，微商具备进入门槛低、零成本营销、口碑传播快、多层代理裂变等特性，这些特性让其成为继淘宝之后，众多创业者看准的一条康庄大道。

目前，微商可统计从业人数在 3000 万人左右，作为每个月至少能产生几百亿元销售额的社会化零售渠道之一，它能吸纳的就业人口基本趋于稳定增长了，微商已经进入了存量市场竞争时代，过去比拼的是体力，现在比拼的是智力，未来比拼的更多是另一个维度的竞争。

我经常在一些微商大会上看到，很多品牌挖空心思找各个微商团队创始人，竞争非常激烈，俨然进入"抢人"时代，一个坐拥庞大成熟团队的微商团队创始人将成为各大品牌围攻的对象。

不过，大多数传统微商都将人力、物力放在发展代理和刷"朋友圈"上，但最终能够引来的流量却不尽如人意，通常在月收入过万元之后就很难再实现突破，其原因在于完全依托微信、QQ（腾讯公司开发的即时通信软件）、陌陌、微博等社交网络的引流，并没有雄厚的流量平台作为靠山，仅凭个人力量实现的"引流"总是收效甚微。因此，传统微商仅靠"朋友圈"就想"致富"的难度实在太大，传统微商进入穷途末路的境地。这使我再一次陷入思考，微商未来突破之路在何方？

①彻底抛弃过去"压货、倒货"的模式。

②建立强有力、能"背书"的微商平台。

③打造个人影响力中心，从经营产品到经营人。

④由"图文化"转向"视频化"，推动微商传统渠道多维化。

⑤微商团队"企业化"运作，异业异品整合。

传统微商"暴力刷屏、疯狂压货、只出货不管人"的拉人头模式，导致微商凸显诸多缺失，急功近利只想挣钱快，必然导致整个微商行业的浮躁与短视。这些问题不是微信的问题，也不是移动互联网的问题，而是时代发展的问题。

市场并非痛恨微商，市场需要健康状态下，以产品为导向、以服务为基础的健康微商，危机也是时代留给我们的机遇，主动求变就能打开全新局面。传统微商正在被新微商逐步取代，找不准趋势、看不清商机、不会主动变化的人只会被社会淘汰。

如何高姿态看待微商

很多业界人士指出，2016 年朋友圈微商正步入黄昏，微商已被"判死刑"，并列举了微商必死的原因，虽有所依据，但是我认为，微商作为一种将"互联网思维"运用到极致的销售模式，已经经过初期的不断完善、不断规范，度过了前期的粗放式发展，现在进入了更加合理、更加健康的发展期。

众所周知，互联网经过了三大变革时代，各品牌、企业应当根据不同时代特性转变不同的营销策略。这三大时代是：

Web1.0（第一代互联网）时代：以新浪、搜狐、网易为代表的"资讯时代"，是一个"他们说，我们听"的时代。

Web2.0（第二代互联网）时代：以猫扑、天涯、人人为代表的"社交时代"，是一个"一部分人说，我们听"的时代。

Web3.0 时代（第三代互联网）：以微信、微博、陌陌为代表的"碎片化沟通互动时代"，是一个"我们说，我们听，人人能够参与"乐此不疲的时代。

微信的火热带来了"微营销"时代，很快一些品牌商发现 Web3.0 时代的互联网完全可以跳脱出传播渠道，成为一个很好的产品销售通路闭环，逐渐发展成人人皆可参与的"微商"时代。微商就是以"个人"为单位，利用 Web3.0 时代所衍生的载体渠道。微商，俨然是移动互联网下的 C2C（个人与个人之间的电子商务）市场。

1. 微商，是分享型经济的体现

分享型经济，简而言之就是"使用而不占有"。以微商层面的角度理解，就是个体微商扮演着分享型经济体社区个体微商角色，在微信平台代理着产品，不断营销给社区消费者，带动整个商圈、生活圈等的发展，却仅仅是借助而不是占有微信这个平台。

我给大家谈谈微商在分享型经济的体现。

（1）展现个人魅力。

自媒体时代，人人都是自媒体人，每个人都在扮演自己的角色，塑造自我，展现自我，各有各的不同。"个人魅力"一词就是一个很好的概括。当我们在自己的朋友圈一对一地和自己的微信好友或者客户聊天时，就是一种"分享型经济"。

为什么这么说呢？答案很简单，你在向客户分享你的知识、见解、情感、语言技巧等。当这种聊天方式以时间为计算单位持续下去，可以建立信任度，乃至后面让客户成为你的代理，这些都是建立在你不断分享内容的基础之上才达成的成交。

（2）突破心理状态。

最难打开的是心门，最难走的是心路，最难过的是心桥，最难调整的是心态。心态营销，同样也是一种"分享型经济"的体现，在微信的朋友圈中正变得举足轻重。尤其是作为初级微商，"小白"的概念一直是内心挥之不去的伤，微商作为传播积极、阳光、正能量者，将这种能量发挥到最大化，就是一种自我营销。

（3）丰富知识层面。

当经历多了就变成了一种经验，当实践多了就变成了一种技巧，每一次的微商实战经验分享，都是一次自我营销。尤其是在这种自我分享技巧的过程中，一些客户因为你的分享，变成你的追随者，转而由一个陌生人变成了你产品的经销商，角色的转变连带出来金钱交易，变成一种经济体。

微商，就是分享型经济的体现。每一个微商，其实都是无形中把"分享"本身当成了一种载体、一种生意来做的。因此，很多困难的事情，变得越发简单。这也是微商最终成功的原因。微商傍着一条经济链，所以它的道路只会越走越远、越走越轻松。

2. 如何高姿态看待微商未来方向

微商不会死，也不会是"短命三郎"。目前微商之路正在规范，微商巨头摩能国际的"大海计划"还标志着微商进入了一个新的台阶，而微商之路，也将往两条既定的路线走。

（1）"零售走向经营人"。

"零售走向经营人"是指整个零售业未来会走向经营人的时代。微商的营销将从经营商品和渠道的零售，转向经营用户（粉丝）的零售。渠道成为CRM（客户关系管理）的一部分，过去冰冷的商品传到用户手中有了温度，而在平台趋向中心化的同时，品牌也趋向中心化。

（2）"未来人人皆微商"。

"未来人人皆微商"，微商是将个人业余之外的价值变现的主要途径，借助公众账号，将商家与用户变成微信好友，强调个体与个体间的交互，社交因素明显，经营熟人圈子的生意，用熟人推荐和分享购物的方式弱化平台电商搜索购物的习惯。

"零售走向经营人"与"未来人人皆微商"二者谁优谁劣现在不得而知，但是二者是微商发展的两大方向，共性是都强调以"人"为中心，更强调了微商将有新的前景。

可以肯定的是，朋友圈营销只是微商的一个"过渡段"。如果说微商日渐黄昏，2015年之前，我们且称之为微商1.0时代。但是随着微商的发展，微商将回归到产品和服务这两个方面。2016年，微商2.0时代已经到来。未来的微商，将回归到"以人为本"，微商3.0时代就会接踵而来，而不是日渐衰退。

微商激荡七重天

1. 代购模式

代购模式被称为"微商鼻祖"，起源于2005年个人代购。那时候的代购还称不上是"产业"，只存在于国外留学的中国学生或者是在国外工作的国人，每年回家的时候帮亲戚朋友带点化妆品、手表、皮包等物品。人们总是期望得到他们从国外带回来或者寄回来的物品，因为这些物品有些国内没有，有些国内有但是价格高昂。而跑腿的次数一多，委托人为了表示感谢自然要给些"小费"。久而久之，收取商品价格 10% 的代购费，成了不少代购的共识。随着海外代购受到国人热捧，除了职业代购人外，因公经常出差的人、境外导游和空姐成了"私人代购"行业中的主力军。一些聪明人开始看到这种行为中存在的商机，他们开始联合自己在国外的亲戚朋友，帮人们购买他们想要的物品。在这种传统的代购模式下，用户选择好商品，找到靠谱代购，然后给予一定的代购费，接下来的事情都由代购去完成。在这个流程里代购的选择非常关键，往往依靠同事或者朋友的口碑推荐。

再后来，随着互联网和移动互联网的兴起，人与人之间的信息传播变得更加便捷，海外产品再也不是少部分人的专利，微信、微博等社交平台提供了更加方便的渠道，使得更多的人足不出户就可以购买全球产品，这就是微商的第一重天，即"代购模式"。

2. 杀熟模式

"熟人经济"是微商步入的第二个阶段，几乎每个玩微信的人都有至少 200 人的微信好友，这些人又分为亲戚、朋友、同事、同学等，他们和我们的关系非常紧密，所以，当我们开始做微商的时候往往都是从自己身边的熟人开始，他们会站在对我们鼓励与信任的角度，很快成为我们的第一批客户。

刚开始做微商的朋友，觉得很好，因为很快就会有人向你购买东西，从而产生效益，但是我们同样也要看到，我们身边的熟人圈子毕竟只有那么大。当我们开发完身边的准客户后，必须吸引更多的人成为我们的准客户。

所谓的杀熟模式是有"瓶颈"的，你的微信好友数量就是你的"瓶颈"，于是很多微商们开始进入疯狂地加"好友"阶段，但是被加进来的人往往都不是好友，甚至是根本不认识的陌生人。所以，慢慢地微商开始沟通、跟踪这些陌生人，于是很多人想到建团队、找代理，这就进入了微商的第二重天，即"代理模式"。

3. 代理模式

了解传统渠道营销的朋友都知道，厂家生产出产品开始找省代，再找市代，然后再去找各个地方代理等来放大销售业绩，那么，微商"代理模式"

其实就是加上移动互联网翅膀的传统渠道营销。传统的渠道需要几年的时间去发现和沉淀，而基于互联网的传播速度，微商只需要一年甚至是几个月。但是，"代理模式"和"杀熟模式"一样是有瓶颈的，首先是好友瓶颈，身边的好友使用完了再找谁？其次也是最重要的，很多的代理商不具备带领和培训自己的代理的本事，导致朋友之间不能再"愉快地玩耍"了。团队的建立与管理是微商最头疼的问题，也是"代理模式"的第二大瓶颈。但是这其中也不乏能够把团队带好的微商领导人，他们不断地发现人才、培训人才、复制人才、输出人才和储备人才，团队开始日益壮大，那么，这就进入了微商的第三重天，即"团队模式"。

4. 团队模式

微商要想做大，团队是关键，所有的结果都是团队运营出来的，离开了团队，一切都是空中楼阁。建立一个微商团队容易，管理却很难。很多人不是死在搭建团队上，而是死在管理上。微商代理都是因为利益走在一起的，一旦利益出现问题，团队就会出现一系列的问题。微商投入成本不高，行业诱惑大，变化也大。他今天是你的代理，明天可能就变成别人的代理。他一不开心，就不跟你干了，投奔到你的竞争对手那里。

相信很多微商朋友都有此经历，代理变心，移情别恋。好不容易培养起来的代理变成了别人的代理，甚至成了自己的竞争对手。这不仅仅会影响业绩，还影响了团队的信心。很多微商代理是没有什么忠诚度的，如果你的产品不好卖，不赚钱，或者是别的品牌、别的团队施舍一点诱惑，他们就会投奔过去。有时候还不是一个人离开，而是会带走团队中的其他成员。如此一来，团队就像昙花一现，那么，这就进入了微商的第四重天，即"整合模式"。

5. 整合模式

说到整合模式，就不得不提2016年年末摩能国际提出的"大海计划"，摩能国际总裁万兵先生在朋友圈如是说，"打造花海，蝴蝶自来"，摩能国际马上要重磅启动"大海计划"，我们将在现有产品的基础上，增加新的国际化品类，用独立研发的先进引流系统、更专业的营销服务、更强的扶持力度，帮助更多的微商精英实现业绩十倍增长。如果你之前能赚一千万元，来摩能，我们能帮你赚到一亿元！

了解微商行业的人都清楚，这是巨头摩能对行业的一次大清洗，希望借助自身的财力和平台化力量，直接将其他游散在外部的团队收编。中国电子商会微商专委会副秘书长林大亮认为，摩能的这次动作，可能和阿里巴巴提出进军微商一起，形成行业共振，改变整个微商行业的格局。一些弱小的微商品牌，打擦边球的微商企业将很快被清洗出局。那么，这就进入了微商的第五重天，即"品牌模式"。

6. 品牌模式

粉丝买东西只有一个理由：我就喜欢！

微商的"人—商品—人"的交易法则改变了传统电商的"商品—人—商品"的购物流程。既然购物的法则发生了变化，那么售卖的方式必然会跟着变化。移动电商实现了人到人的直接联结，使互不相识的人通过某种传播介质实现对等交流。在交流和沟通的同时，情怀不自觉地就充当了一种商品的角色，久而久之这种情怀就会是另一种溢价，而这个情怀就是"人的品牌"。

今天，移动互联网浪潮席卷全球，世界重新高扬起人性的旗帜。这个时代正在从以物为中心向以人为中心转移，从物权转为人权，人成为经济活动的主角，人取代公司成为营销活动的主体，每个草根都可以创业，每个平民都有机会成功，人人皆可成为"尧舜"，人人皆可成为品牌，大品牌美人迟暮，人的品牌揭竿而起。当一个平台会聚了一群具有品牌的人，那么，这就进入了微商的第六重天，即"寡头模式"。

7. 寡头模式

互联网发展至今，已经重新定义了许多行业的新逻辑。相比传统商业逻辑，现阶段的互联网特点就是中心化，不管是微商，还是电商、游戏平台等，都在往寡头的趋势发展。谁都想成为行业成熟时候的那个寡头，所以才会出现一轮又一轮的烧钱抢用户的大战。互联网流传着一句话"第一活得很好，第二勉强活，第三第四都会死掉"。

寡头化是微商发展的必然趋势，国外的移动互联网行业也是如此。大型的微商企业为了扩大自己的围城，会不断地进行类似的并购，将各类不同品牌的微商团队收进囊中，于是微商行业的集中度就会渐渐提升，最后变成寡头竞争，竞争的结果是每个细分的品类可能只有"老大"才能生存。

"人的品牌"将成为微商的核心理论

1. 摩能国际推出"打造人的品牌"计划

人的品牌是在"人高于一切"的移动互联网时代，由摩能国际基于"人性化诚信经营"理念和"帮助别人成功"的利他思维率先提出的品牌概念。相对于企业品牌和产品品牌，人的品牌更强调人的价值和道德力量，这标志着品牌从物到人、从组织到个人的历史性回归。

中世纪的欧洲，人们在马、牛身上打上烙印以明确其归属，于是出现了一个英文单词 Brand，它就是品牌。

18 世纪和 19 世纪，百达翡丽、芝柏、宝玑和朗格等世界名表相继诞生，或许你并不知道，这些品牌使用的，全都是制作者的名字。这些品牌代表的，是精湛的技艺，是商人的诚信，是家族的荣誉。

摩能国际认为，品牌的背后是人，所有伟大的品牌，都是人的品牌。100多年来，大规模的工业生产和媒体的垄断，冷却了品牌中人性的温度，造成品牌的历史性倒退。

摩能国际凭借其"人性化诚信经营"理念、"帮助别人成功"的利他思维和"人才 Uber（优步）化"资源凝聚力，率先提出"打造人的品牌"，希望让每一个人都迸发出最原始、最鲜活的人性之光，让每一个人都成为自己最大的品牌。

2. "网红三项"收钱、收人、收灵魂

"网红"本是指通过互联网走红的人，从词义上看并无褒贬。但"网红"经历的几个阶段却将其赋予了负面含义。之前，大众印象中的网红就是拥有

淘宝店、长着锥子脸、嫁给富二代的网络红人。她们有着类似的外貌，浓妆艳抹，又都经过美图磨皮，连拍照姿势都相似。她们有着令人向往的舒适生活，并总是和"炫""土豪"等字眼联系在一起。

随着 Papi 酱、李七喜等新一代网红的出现，网红被重新定义。现在，是时候给"网红"正名了。网红是指在网络上拥有人气的明星，人气多的就是大网红，人气少的就是小网红。作为一个群体，他们有很多共同点。

（1）人格型网红。

人格型网红通过生产"爆款内容"成为焦点，吸引关注（关注量是这类网红的主要资产），然后进行粉丝转化。不断地生产内容，成为焦点是人格型网红的核心价值，也是作为媒体的价值。因此，他们的商业化往往体现在流量变现上，最典型的代表就是 Papi 酱。

代表人物：Papi 酱。在美拍上靠吐槽和夸张的表情走红以后，Papi 酱将爆款带动的影响力延展至微博、微信等社交平台，收获大量关注，然后一方面持续追踪热点，更新优质吐槽视频刷新内容价值（如春节前教你怎么应付讨厌的亲戚）；另一方面通过相对低廉的微信吐槽文章维系关注，之后又通过成为美拍网红的样板获得老罗和徐小平投资，门票 8000 元的广告资源招商沟通会等，一轮接一轮的新闻炒作成为焦点，这几乎可以成为自媒体运营教科书般的案例了。

（2）精英型网红。

如果凑巧你不是风一样的男子，也不是集智慧和美貌于一身的女子，不要觉得祖师爷没赏饭吃。请记住"人丑就要多读书"这句话，古人诚信不欺骗你，也许你的网红之路才刚刚开始。

其实无论美丑，在网上有那么一种红人不靠颜值（当然有的话更好），不必修照片，单纯靠码字就能够吸引万千粉丝。这类网红有如下几种特性：

①在某一领域有足够多的干货可以分享（持续性输出优质内容）。

②写段子（抖机灵抖出一片天）。

③讲故事能力出众（公众演说能力）。

我们可将以上红人称为精英型网红。以内容营销为主、形象营销为辅，注重网络人格的塑造，利用自身资源持续不断输出优质答案引发用户追捧，继而开启线上线下商业活动，是目前精英网红们的普遍变现方式。

代表人物：背影哥、双表肖森舟、徐东遥等。

（3）商业型网红。

商业型网红，以创始人IP（知识产权）版权为营销点，乔布斯就是一个典型，消费者会因为喜欢他，从而喜欢上他所代表的品牌，并为此消费。创始人的人格化输出，相对于冷冰冰的产品和未成熟的品牌更符合人性，其传播、感染、影响的效率更高；在当下的自媒体时代，中心化媒体失效，冒头的IP几乎可以掠夺所有资源，吸引所有眼球；此外，输出创始人的IP还有一个好处，就是不用担心离职的问题，这种做法目标明确、载体清晰，更有利于提高IP形象塑造的成功率，符合大多数微商的内部运营生态。

创始人在进行商业化IP打造的时候，需要知道IP的共性和差异化。共性可能包括善良、努力、激情、大格局、高瞻远瞩等；差异化来自于在他所卡位的领域，他的专业知识是第一的，同时具有真性情，口无遮拦，甚至是偏执。因为IP吸引的是认同你的人，即使你做到完美，也不一定能够得到所有人的认同，因此不要苛求完美。创始人要成为一个IP，就必须让自己成为一个更好的人，同时保留自己最纯真的个性和最专业的知识。

代表人物：乔布斯、雷军等。

3. 一切价值最终回归于"人"

人是价值的载体，个体更容易与用户建立信任关系，也更容易形成情感连接。很多大的微商平台试图通过矩阵化的个体建立新的品牌背书来提高商业效率，说到底是基于个体拉近与用户之间的距离。

我们需要注意的是，"个人品牌"的崛起，使得原本大一统的市场变得越来越碎片化，缩小了传统商业渠道的商业利润，并打破了其商业版图。关于人的价值的体现，有两个重要的方面。

（1）大公司孵化与整合。

为了形成商业壁垒，防御"蚁群食象"的现象出现，大公司会对大量的个体进行吸收，将这些碎片化商业有机整合为适配新商业的连接端口。所以，目前很多大平台、大公司开始对"网红"倾注资源和密集签约。

（2）"小而美"的商业链条。

"草根"的崛起，形成了全市场"小而美"的商业分布，并通过成功的"小而美"桥梁，打通通往规模化商业的可能。无论是在美国还是在中国，"明星"在我们的生活中都扮演着重要的作用，因为内容本身容易被人遗忘，但是人和角色却容易被受众记住，这种留给用户的记忆效应，经过长期积累后，形成了某种价值观追随。

微商结局：谁掌握标准，谁就可以称王

在我的朋友圈里，我讲到过微商的四个阶段：**第一阶段的时候卖产品，第二阶段的时候卖系统，第三阶段的时候卖行业，第四阶段的时候卖标准。**当然，微商在第一个阶段的目的是要做成，第二阶段的目的是要做大，第三阶段的目的是要做强，第四阶段的目的是要做久。

第一阶段：卖产品。

很多微商没有意识到在第一阶段的时候要学会卖产品。当你加盟或拿下一个品牌代理的时候你就有一个产品，关键是要把它卖出去。你需要不断学习销售技巧，最重要的是通过学习找到一个成功销售的模式，你的"鱼塘"在哪里，你用什么方式能够把"鱼"吸引过来，你最后怎么成交，这是最重要的。

第二阶段：卖系统。

当你卖产品已经不是问题，并且手上有超过十个代理时，你再像第一阶段那样做，很难做大。这时候你需要追求整个流程。在第一阶段你已经找到了一种成功的销售模式，所以这时候你需要放大。你需要把你的系统搭建起来，你需要掌握管理的精髓：**发现人才、培训人才、复制人才、输出人才和**

储备人才。你要通过你的系统把你的团队做起来，使之能够赚钱，能够全自动赚钱。因为一个微商团队如果不能全自动赚钱，这个微商团队的价值就无法最大化。

第三阶段：卖行业。

行业是一个什么概念呢？这时候你已经证明了你的产品有市场需求，并且你能够赚钱，你也把你的系统搭建起来了，能够高效运作，并且不需要你天天盯在那里，那么恭喜你，你到达了一个非常重要的里程碑。第三阶段你必须把你的精力花在怎么影响这个行业的结构、怎么能够对行业造成影响上。通过你所处在的领域组织结构的变化，使你不仅仅是一个企业，而是这个领域里面具有重要主导地位的一个微商团队。

第四阶段：卖标准。

当你的团队或者说你的企业已经成为行业中的老大，或者是主导者时，那你就到了第四阶段。到了第四阶段你的目的是要做久，这时候你要影响人们的思维模式和观念，这个时候你推的是标准，这个时候你卖的是标准。你千万不要忽视，任何一个行业都可以制定标准。

多数人都是一种被动的心态：啊！微商行业就是这样的，刷朋友圈、招代理，这些标准已经定好了，我们必须要这样。没有任何事情是必须的，只要你想明白为什么，你就可以制定。

最终谁拥有这个制定标准的权力、能力，谁就能够获得最大利益。通过你制定的标准和理念来主导别人，你更轻松了，但是你要有更深厚的思想功底和全局的观念。

在这四个阶段中有很重要的两个趋势：生存、发展。也就是说，我们在做微商的过程当中，第一阶段的关注点是生存，越往后越关注发展，这是很有道理的。做微商最初更重要的是你能不能活下来，活不下来就谈不上发展。

这四个阶段非常重要，不同的阶段你应该学习不同的内容。卖产品，你需要梳理卖什么、卖给谁、怎么卖；卖系统，你需要将你的团队和管理系统化，你需要不断地提高你在行业的影响力标准，这实际上更像一个垄断式的做法。当然，从营销的角度讲，每一个微商企业都希望做到这个行业的垄断地位，因为营销的最终是要做到在你这个细分市场上具有垄断的地位，这是非常重要的。

　　微商应当认真体会一下这四个阶段中的道理。如果你领悟了这四个阶段，领悟了这之间的关系，我相信你的微商营销会上升到一个全新的角度、全新的高度，这里边有很多的东西需要去用心体会。

第二章
能量：做自己的影响力中心

未来营销，自我营销

1. 形象走在能力的前面

在微商的世界里，微信头像非常重要，往往是给人的第一印象，是一种"视觉语言"。我经常说微商拼到最后，拼的就是自媒体、自明星、自品牌，那么微信头像就是我们个人品牌的 LOGO（商标）。不同的微信头像给人的第一印象也不一样，可能是高贵冷艳、可能是玉树临风、可能是人见人爱……这影响着受众是否通过我们的好友请求。

在还没有建立个人品牌的时候，我并不太注重自己的形象，直到有一位微商大咖告诉我"形象走在能力的前面"，我才真正开始关注自己的形象，因为好形象能够给人专业、可靠的感觉。

大家有没有发现图1、图2，这两张头像的反差很大？因此微信头像的选择特别重要，是微商成功的第一步。那么如何选择一个高大上的头像呢？

（1）选择微信头像的五要点。

第一，头像必须以人为焦点。我们经常看到很多微商用景色、动物作为头像，在头像中没有突出人物。以背影作为头像，是人是妖（背影哥例外）？以卡通、动物图片作为头像，头像显得比较业余；以产品或二维码作为头像或以人群作为头像，你在哪儿呢？虽有的以人作为头像，但图片背景胜过人物，人反而成了衬托，也失去了焦点。

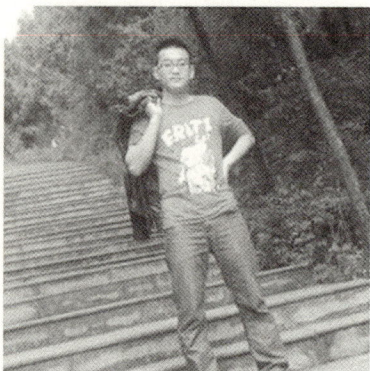

图 1　2012 年时使用的头像　　　图 2　2016 年的头像

第二，头像必须让人产生好感、能够记住，特别是潜在用户。我们的头像要给人以"邻家妹妹""阳光男孩"的感觉！

第三，不要用假头像。卡通、明星、网红、美女模特等不要用。建议最好用自己本人的真实头像，配合日常发圈秀自己、秀生活，这能够让自己自信，同时增加好友的信任度。最重要的一点是因为我们是微商，所以我们要为自己代言！

第四，头像要大气、积极阳光、充满正能量。不要让别人看了觉得很穷困，也不要让别人看了觉得是个暴发户或者炫富者。

第五，能用形象照更好，但不能太假。生活照和形象照给人的感觉是不一样的，传递的信息也是完全不一样的。好形象能够迅速提升吸引力，增加人气。建议大家找专门的摄影师，拍几张形象照。

（2）微商选择头像四禁忌。

第一，有些图片不适合作为微信头像，比如丑恶、恐怖、暴力、血腥图片等。

第二，最好不要用孩子或者结婚照作为头像，如果是女性，用孩子照片作为头像，可能大部分的男性用户会拒绝她，除非你是卖儿童用品的微商。

第三，不能用产品或品牌 LOGO 作为自己的微信头像。如果我们用产品图片作为头像的话，会显得冷冰冰的，缺少活力。用产品相关图片作为头像，在你加其他人或者别人加你时，他会在心里说："又是卖货的！"在我们每个人的心里，没有任何一个人希望别人来赚自己的钱，没有任何一个人希望自己被推销员盯上。何况目前微商在很多消费者心目中的认知是负面的，背负"传销"骂名，所以个人微信头像要尽量避免商业信息。举例来说，比如我加到一个群，我的头像是我举着某个面膜的自拍照，我的昵称是"××面膜总代理"，你会主动来加我吗？

第四，不要用戴墨镜或遮挡自己面部的头像。虽然显得神秘，但不礼貌，也很业余。

总之，要让看到我们微信头像的人，觉得我们是随和而且有素质的人，让看到我们微信头像的人都能够对我们产生好感。

2. 教子一艺，不如赐子好名

古语云："赐子千金，不如教子一艺；教子一艺，不如赐子好名。"这句话的意思是：名字是家庭教育的起步，是父母对孩子人生前景的信息密码的锁定。虽然说名字不能决定一个人的命运，但它却一直带有时代气息，铭刻着文化观念，留下了家族血统的烙印，凝聚着父母对孩子的深情和殷切期望，喻有不同的理想抱负、情趣、爱好与目标追求，对人生起着潜移默化的作用。

名字对于我们来说很重要，在虚拟的互联网世界里更是如此，特别是从事微商事业的朋友。如果我们要想做好微商，做一个对别人有影响力、对我们的微商团队有领导力的人，或者是做一个受人关注的自媒体，我们一定要把自己的昵称好好设计一番。

在我跨入培训行业时，我的老师告诉我："像"比"是"更重要！什么意思？也就是说，"像"一个讲师比"是"一个讲师更重要。那么对于微商来说，就不能由着性子来了，因为你不要忘记了你的使命，你是一个微商，因此，你的微信号名称一定要方便你的微商朋友们查询、识别，同时，你的微信号名称一定要占领用户心智。

我的微信名字叫银哥，所有看到我名字的人，都会马上记住，并且不会再忘。在我的圈子里，大家都是这样称呼我。给大家讲一个笑话，当我的微信名字改成银哥之后，有很多人取笑我，他们说，"银哥"谐音"淫哥"，我非常淡定地说，通过联想记忆法能够记住我，也不算是一个差的昵称了。因此，微信名要以简单、亲切、好记为主，跟取名字一样，两三个字就好，最多不超过四个字，不要用生僻字、乱码、藏文，避免过多表情、字符等，看起来一大堆，有人想找你的时候都想不起你叫什么名字，也许想起来了但是都不知道该怎么搜、怎么输入，那你可能因此错失订单或代理。

好名字就是好的个人名片，虽然只是个文字符号，但它具有信息能量及文字的全部理念。一个好的微信名字，一定要避免以下错误。

（1）微信名中没有汉字，全是符号、外文、藏文等，谁以后能找到你啊？

（2）微信名前面加一串 A 或者一个 A，特别土！我看到这种人加我好友一定不加。

（3）繁体字的名字，输入法翻到眼睛快瞎了都找不到你的那个名字。

（4）超过六个字以上的单一结构微信名，比如，真假之间的永恒、追忆似水年华、没有你就没有明天……这样的名字我必删。但是头衔或公司＋微信名，这样是可以的，比如，摩能国际×××、微商导师×××等。

（5）负能量的名字，比如，脾气不好别叫我（吓跑用户……）、烦、无毒不丈夫、心乱如麻……这种名字也趁早改了吧，副作用太大。

3. 吹牛的艺术

在网络上流行着这样一个帖子，名字叫《吹牛的艺术》。

（1）小吹小成，大吹大成；一点不吹，一事无成。

故事 1：我的初恋为什么失败了？不会吹牛。说白了，就是心里没底，对未来不自信，不了解人性。

（2）为什么我找到高薪工作了？我会吹牛。建立校友数据库时，我说自己月薪过万元，很多人羡慕我，我问他们的薪水是多少，他们就会说实话。然后我就约某些人出来吃饭、聊天，旁敲则击，从而达到自己的目的……

（3）为什么每次参加峰会，我都能收几个学员？因为我会吹牛……

（4）为什么我在互联网上挖掘出了很多暴利项目？因为我会吹牛……

凡是喜欢吹牛的人，都过上了幸福的生活。吹牛一是解放思想，树立自信；二是真抓实干，达成目标。

讲个小段子，说明吹牛的好处：

你吹牛，自卑的人会对你说实话；

你吹牛，相信你的人，会支持你；

你吹牛，会身体健康，万事如意；

你吹牛，事业会越来越好……

虽然这是一个段子，一个笑话，但是，今天我给大家分享的"吹牛"不是一个贬义词，它是一个简短易记，易于传播，通俗易懂，符合你自己的产品定位、品牌定位、形象定位的标签。我们越早学会"吹牛"，就会越快成功。

我们前面讲到了微信昵称，那么在微信昵称中我们还需要添加的就是我们"牛"的标签，这个标签代表了你在一个领域的权威、专业、水准、人脉资源以及你的独一无二。

我的"牛"标签是微商"指环王""五界营销"。指环王代表的是一种能量和权威，五界营销代表的是知识面的宽度和水准。那么这样的标签反映了现实中的我是一个什么样的人呢？首先，正常人一般就戴两个左右的戒指或指环，我一般是5~10个，这里采用的是"另类标签法"；其次，基于我6年的互联网经验，我会设计、会视频制作、会互联网营销、会公众演说，横跨五界，所以采用了"五界营销"的标签。

如果你是某一个领域的专家，或者你的身份是某某集团董事长、商会主席等，也可以将这种身份设为标签，这就是你的资源和权威的体现，自然就能提升你的影响力。总之，"吹牛"是我们别具特色的宣传方式，建议我们个人微信号昵称的结构为：个人昵称＋"牛标签"。这样会让我们更有真实性，更易被人信任，同时更具有价值感、影响力、权威性。

当然，最后不得不提醒大家的是，我们不要过度夸大，我们"牛标签"的背后都应当有一个牛的结果，重要的是把握"度"。

4. 给人物贴上独特的标签抢占用户心智

第一，打造一眼就能让人记住的线下标签。

所谓占领用户心智，就是占据用户大脑，并且把你深深地钉在用户的大脑中。大家掌握以下两个简单而核心的秘诀之后，就会脱颖而出：第一，别人都没有，就我有，我就能被人记住；第二，别人都不敢喊，就我敢喊，我就与众不同。

我在生活当中就附带着几个标签，分别是"戴 5~10 个指环""戴一块机械手表""西装革履"，走到哪里我的"辨识度"都很高。经常有很多人加我微信或者是在线下分享，他们都会说："银哥，我看到过你，你戴那么多指环我印象特别深。"毫不夸张地给大家透露一下，在任何场合下，只要我带着标签出场，90% 的人的注意力都会集中在我身上，然后人们会上来和我搭讪，这就是线下标签的魅力。

需要大家注意的是，不论别人对你的标签有什么异议，哪怕被人看不起，至少被人记住了就好，只是我们需要更快地用结果去证实而已。我们做的任何事情，总会有人认可、有人不认可，这些都不重要，重要的是，你已经牢牢地把自己的标签植入了客户的大脑中。当拥有一种别人没有的东西时，你就变得不再普通。

第二，雕琢彰显个性的线上标签。

好的线上标签就像网站域名一样，让人容易记住，这里的线上标签指的就是我们的微信个性签名。我们需要通过个性签名达到宣传的目的，卖什么产品，或者是提供什么服务，最好用一句话来体现我们的个人价值、产品价值，也可以用体现我们权威的一句话来做我们的个性签名。

值得大家注意的是，我们在写个性标签时，一定要遵循这个逻辑：我们要告诉目标用户我们是做什么的，我们能为他带来什么结果，这才是别人关注的焦点。

我们可以根据自己的专业领域、行业身份、价值提供等来设计个性签名，我不建议大家使用特别大众化的励志警句来做个性签名。

5. 在你的朋友圈，你必须是影响力中心

在《哈佛商业评论》中有一篇非常经典的文章——《你必须成为自己的首席执行官》，它是"现代管理学之父"彼得·德鲁克写的。文章中开篇这样写道：

毕业季到来，属于象牙塔的岁月结束，你将投身于一次漫长而艰辛的奋斗。在这段比校园更加现实，也更加精彩的岁月里，如何保持一个清晰的自我并最终实现自我价值，也许是你一生都不会停止追索的问题。

我们生活的这个时代充满着前所未有的机会：如果你有雄心，又不乏智慧，那么不管你从何处起步，你都可以沿着自己所选择的道路登上事业的顶峰。但前提是，你必须成为自己的首席执行官，知道何时改变发展道路，并在可能长达50年的职业生涯中不断努力、干出实绩。

要做好这些事情，首先要对自己有深刻的认识，清楚自己的优点和缺点，知道自己是怎样学习新知识和与别人共事的，并且还明白自己的价值观是什么、自己能在哪些方面作出最大贡献。因为只有当所有工作都从自己的长处着眼，你才能真正做到卓尔不群。

这段文字告诉我们的就是建立自我影响力的过程，在生活中、社会中如此，在我们的互联网虚拟世界，在我们的微信朋友圈当中，更是这样。我们需要不断地提高自己在圈子当中的影响力，直到你的影响力大于你的圈子，你就换一个圈子继续提升自己的影响力。

那么，我们如何在朋友圈中提升自己的影响力，形成你的影响力中心呢？

第一，持续不断地提供价值。

人性有一个弱点叫作索取。要想让自己在朋友圈真正被认可和接受，真正成为圈内的名流，就必须让自己成为意见领袖；而要成为意见领袖，就必须在朋友圈中为粉丝持续不断地提供价值。

首先，你要分享干货。我们经常会在朋友圈看到"今晚8点什么培训"之类的宣传图片，请你记住，一个成功的微商一定是会培训、会分享的。只有培训和分享才是吸粉、招募代理最快的方式，也是最精准的方式。

其次，你要学会帮助他人，有利他的思维。经营微商就是经营人，经营人的最高境界就是放下自己的欲望去成就他人的欲望，今天我们做微商卖的不仅仅是产品，卖的还是一个事业机会。卖产品是你赚他的钱，卖事业机会是你帮助他赚钱。没错，帮助别人就是帮助自己。

第二，他山之石，可以攻玉。

"他山之石，可以攻玉"，意思是别的山上的石头，可以用来雕琢玉器。这话的含意是别人先进的、成功的经验，我们可以拿来解决自己的问题。是的，我们要懂得借助外界的一些力量来提升自己，这不是装清高，也不是做作，这是营销的一种策略。

比如，你有和社会名人、业内大咖的合影，就可以把这些照片配上文字发到你的朋友圈来提升你的个人影响力。很多人没有这种思维或是他们觉得不屑，但是这确实很管用，从人性的角度来看，你经常接触一些名人或者大咖，人家也会慢慢觉得你很不一般。所以，我们一定要养成和知名人士合影的习惯，懂得利用这些资源，好好包装自己。

第三，要"高大上"。

每个人心中都有一个梦想，每个人的每个行为都透露出他心中的某种梦想，比如，今天你理了头发，为什么要理呢？为了实现自己心中帅气、美丽的梦想。为什么给你理得不好看你心里会不舒服呢？因为这个发型打破了你心中帅气、美丽的梦想。

微商中流行崇拜和偶像主义，这和娱乐圈很类似，很多微商人都希望自己通过微商这个行业过上高大上、令人崇拜的生活。所以，你要学会晒朋友圈，人们通过观察你的朋友圈是什么样的，就大概知道你是一个什么样的人。你想招募代理，别人凭什么要跟你干？最重要的一点就是你会赚钱，你能带人家去赚钱，他们要崇拜你。

所以，一个成功的微商绝对不能在朋友圈低调，必须学会高调，各种"高大上"地晒。

个人品牌的网络布局

1. 搜索引擎布局的秘密

2015 年伊始，移动搜索市场就有着浓郁的"火药味"。在微信当中朋友圈搜索和附近商户搜索等新功能，无疑在信息检索和商务检索两个维度上都发起了攻势，而 360 搜索推出独立新品牌，但目的却是进军移动搜索，寄望"傍上"百度闹出些动静。有人认为，2015 年移动搜索将会混战不断，而我们从数据中可以看出，2016 年，移动搜索无战事。都别折腾了，移动搜索这个入口是百度的，详见图 3。

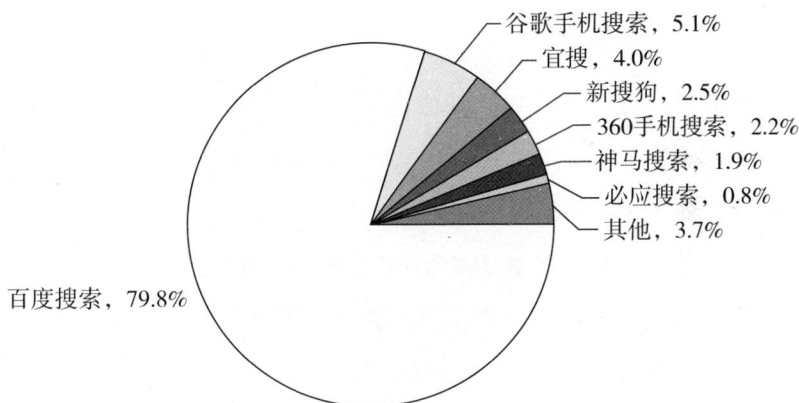

谷歌手机搜索，5.1%
宜搜，4.0%
新搜狗，2.5%
360 手机搜索，2.2%
神马搜索，1.9%
必应搜索，0.8%
其他，3.7%
百度搜索，79.8%

备注：目前移动搜索市场品牌众多，除去主要移动搜索引擎，其他品牌市场份额为 3.7%，包括新浪搜索、网易有道搜索、雅虎搜索、易搜、易查、一搜、阿里云搜索等品牌。

图 3　手机搜索市场份额（以最常使用率衡量）

2015—2016 年，BAT（百度、阿里巴巴、腾讯）三家纷纷发力移动搜索，但并未能改变市场格局，依然是百度一家独大，而搜狗、神马、360 之间只是使得第二梯队的竞争加剧。

根据第一象限市场咨询（北京）有限公司对 2015 年 8 月的数据监测，百度手机搜索占 79.8% 的市场份额，依然独占鳌头。谷歌手机搜索以 5.1% 的市场份额位居第二，宜搜以 4.0% 的市场份额位居第三。SOSO 搜索和搜狗搜索合并后，新搜狗搜索的市场份额达到 2.5%，位居第四。360 手机搜索以 2.2% 的市场份额位居第五。神马搜索和必应搜索分别以 1.9% 和 0.8% 的市场份额位居第六和第七位。

这个数据和格局告诉我们，百度搜索布局依然是我们所有微商人应该重点发力的地方。毕竟，今天的微商，如果仅仅靠微信这个工具显然是不够的，当"产品"的百度搜索竞争激烈的时候，往往"人的品牌"的竞争还处于萌芽阶段。

既然百度依然是搜索引擎的老大，我们当然要"傍"它，那么我们应当从哪些切入点来布局百度搜索呢？

第一，百度知道。

百度知道是推广人员特别想去做的，但它并不是容易做的！首先你的等级最好是高的，可以在设置兴趣中选择恋爱等标签，针对用户的问题进行网上搜索，内容要合理、容易被网友推荐，快速地提高知道的等级。

针对百度知道产品，要把握以下三个要点。

（1）首先要选择有指数的长尾词或者关键词扩展进行提问，要满足用户可以搜索到的。可以借助于百度推广助手、百度指数以及词库网等工具选择词，以赚钱为关键词搜索的词库网结果见图 4。

这个时候我们就可以选择"现在做什么生意赚钱"为长尾词在百度知道上提问。

（2）运用手机用户端进行提问，例如："银哥为什么被称之为微商指环王？"然后在电脑上使用高等级百度知道账号搜索这个关键词，如果没有违规或者账号没有出现问题，你提问的问题是会出现的，然后进行回答。一旦被采纳，百度知道就成功布局了。

（3）想要成功加上链接，用来回答的账号不要频繁使用链接，我基本上

关键词	PC 指数	移动指数	360 指数	趋势	搜索结果
现在做什么生意赚钱	666	8974	298	⌒	3880000
现在农村干什么赚钱 [0] 现在什么生意好做啊 [0]	现在开什么店赚钱 [160] 十大暴利行业 [3415]		格式：关键词 [热度] 热门生意 [301] 最能赚钱的 11 种年轻人 [0]		现在
在家赚钱的十种方法	96	6933	22	——	400000
做什么生意最赚钱	186	4078	55	⌒	3140000
赚钱	806	2242	1046	⌒	100000000
迅雷赚钱宝	1179	883	0	⌒	91500000
在家里做什么能赚钱	140	1862	34	——	9500000
手机赚钱	222	1519	167	⌒	11000000
映案怎么赚钱	226	1263	0	——	37400
赚钱最快的方法	527	901	517	⌵	6220000
游戏试玩赚钱	—	—	—	***	—
现在干什么赚钱	182	1083	24	⌒	2330000

图 4　以赚钱为关键词搜索的词库网结果

八级以上的每个账号会在一个星期内加上三次链接，并且在回答之前会回答其他 20 个左右的提问。采用追问的方式加入链接是最好的，并且内页网址会更加容易通过。

第二，百度贴吧。

百度贴吧与百度知道是有些区别的，只要你在百度贴吧中成功发布帖子，然后进行顶帖会立刻出现在首位，不像百度知道要想办法才会有排名。百度贴吧要根据主关键词相关筛选来发帖，标题一定要吸引人，不要为了明显的广告而做，那就没有人点击了。

针对百度贴吧产品要把握以下要点。

（1）发帖加链接的方法。帖子可以采用软文的形式，重点是标题要吸引人，成为标题党，吸引人点进去，内容要有图片不要那么枯燥，在末段加上网站的链接（可以用短网址，末尾加上随机符号）。

（2）成为吧主。吧主可以将你的帖子进行置顶，让更多的人看到它。你不用担心帖子被吧主删除了。有的贴吧是没有吧主的，而申请吧主的标准是不一样的，如果你能成功申请为吧主更加有利于在该吧中作宣传。

（3）升等级、活跃度高，通过贴吧手机用户端每天进行签到以及发帖、回复帖子是升级比较快的，在等级高的情况下可以使用空格号来加链接。

第三，百度经验。

百度经验和百度知道、百度贴吧相比来说，追求更多的是内容丰富度与原创性，是可以为用户提供经验上的帮助的，但在其中加入链接是特别困难的。只能从品牌词、微信号下手，来宣传品牌广告。

百度经验推广的方法。

（1）加图片的方式。我曾经也为做百度经验而感到苦恼，屡次尝试加入链接以失败而告终，而它主要对内容进行审核，最后我将品牌词或者微信二维码以图片方式置入进去，增加了成功的概率。

（2）注意事项加入方式。在每一个经验填写内容最为靠后的位置会出现"注意事项"栏目，可以在注意事项中写"如果存在疑问可以加我微信×××"，这并不是明显违反百度经验规定，而是帮助用户。

（3）原创度。我以前尝试过写一篇原创性的文章，是纯原创的，在标题与内容中出现品牌词，通过审核特别快，也被收录了。

总之，搜索引擎布局更有利于我们做个人品牌推广，建立自己的影响力，希望大家能够慢慢琢磨。

2. 新闻源布局

新闻源是指符合百度、谷歌等搜索引擎种子新闻站的标准，站内信息第一时间被搜索引擎优先收录，且被网络媒体转载成为网络海量新闻的源头媒体。新闻源在网络领域内的地位举足轻重，具有公信力与权威性，也是辐射传播至国内媒体网络的原点。

我们要想做好个人品牌的全网推广，就必须要去了解新闻源，当然能够布局新闻源就再好不过了。在本书中，我会给大家特别提到一部分新闻源，希望大家能够了解它们，如果感兴趣，大家可以在我的微课堂或者线下课程中全面掌握这些技巧。

第一，微信公众平台。

微信公众平台，大家都知道，到现在玩自媒体，如果不知道微信公众平台，真的不好意思说你是玩自媒体的。载体是微信手机用户端，海量用户，营销效果超好，它的公众平台是目前最热的。但是微信公众平台打开率很低，需要有真正的干货。

第二，搜狐公众平台。

据说搜狐新闻用户端安装量第一（但好像谁也没当回事），它的自媒体平台也很给力，后台很简洁，发布也很方便，流量也还行，个别文章会有上千的阅读量，但是切记，广告不要"贪杯"。

第三，网易公众平台。

你发布的文章会出现在网易新闻手机用户端中，而网易新闻是我必装的一款 App，里面的编辑都很会挑事。很多干货都可以在上面分享，是不错的平台。

第四，百度百家平台。

百度百家申请是很严格的，需要你达到很高的水平，审核也很严格。只要你喜欢写，还是可以申请百度百家的，是不错的平台。文章写得好，得到首页推荐就牛了。

第五，今日头条。

今日头条不好申请，申请文章是手工审核的，发布速度比较慢，但是数据特别亮眼，往往一些趣味性的文章可以达到几十万的阅读量，上千的收藏量。

第六，微淘公众平台。

早注册微淘的都能得到官方推荐，现在有点晚了，但微淘公众平台很适合淘宝卖家、淘宝客户注册使用。用淘宝 ID（账号）登录后台，这个信息流的账号运营者将来自淘宝商家、媒体机构，或来自某个消费领域的意见领袖等。

第七，一点资讯。

这个平台与今日头条有些像，需要我们申请，审核也很严格，人工审核，虽然流量没有今日头条的大，但是比来往、易信这些平台流量大得多。

第八，派代网。

这个平台上面的阅读量，特别是电商、微商、淘宝方面的文章不比其他地方差，可以说，做电商不知道这个网站，不应该算是专业的电商人。我们可以在上面发布我们的运营方法，我就是从这里开始创业的，你一定不要错过，不管是做哪一块电商，这里都是干货。申请很容易，但是需要文章精美，得到推荐会给你稿费。

现在所有的自媒体人，都不会离开上述这些平台，他们的粉丝都是靠这些平台吸引来的，不要认为粉丝都是微信上面来的，很多自媒体人是把其他平台的粉丝聚集到微信的，真正玩自媒体的人，不会在一个平台上吊死。另外如优酷、土豆、微视一些以视频为主的网站也有自媒体平台，这里就不作介绍了。当然还有很多地方性网站也是值得我们关注的新闻源。

3. 百度百科的人物布局

第一，百度百科的重要性。

百度百科是百度公司推出的一个内容开放、自由的网络平台。其测试版于2006年4月20日上线，正式版在2008年4月21日发布，截至2015年12月，百度百科已经收录了超过1300万的词条，参与编辑用户数达569万人，几乎涵盖了所有已知的知识领域。

百度百科旨在创造一个涵盖各领域知识的中文信息收集平台。百度百科强调用户的参与和奉献精神，充分调动互联网用户的力量，汇聚用户的智慧，积极进行交流和分享。同时，百度百科实现了与百度搜索、百度知道的结合，从不同的层次上满足用户对信息的需求。

对于微商来讲，我们不仅要在微信上布局我们的圈子，还要在 PC（个人计算机）互联网上发挥我们的影响力；我们不单要做我们个人品牌的 SEO（搜索引擎优化），还要将我们的整个团队搬到互联网上去。试问，如果今天你要招一个代理，你告诉他你有多么牛，你的团队有多么厉害，叱咤风云，然而他百度一下，一条与你有关的新闻也没有，你觉得他会相信你的话吗？

所以，很不幸，我们处在一个"酒香也怕巷子深"的移动互联大时代。怎么讲？据不完全统计，人们平均每天要传播 1.6 万个词的信息，每小时要共享 1 亿段关于品牌的宣传语，而这些行为大都发生在手机、平板电脑、PC 端。所以，未来你与消费者只有短短几秒钟的网络情缘。在消费者指尖轻滑屏幕的那几秒钟时间里，你要打算对消费者沉默不语，那你这坛"酒"恐怕也就无人问津了。这酒是必须要卖的，怎么卖？酒已经够香了，接下来你要做的当然是要想办法让酒香飘到巷子外头。如何让酒香不怕巷子深？现在你和消费者之间的主要沟通桥梁是各类智能手机，很显然，网络推广很重要。而说到网络推广，百度百科近年来已成为众企业家的必争之地。

第二,百度百科的优势。

百度百科的神奇之处主要体现在以下几个方面。

一是百度百科可信度较高。百度百科已经收录超过 1000 万词条，是国内最大的网络百科全书平台，更是亿万网民主要的信息搜集平台之一。所以，微商团队领袖、微商大咖的名字或品牌名称很有必要出现在百度百科，如此，既方便了用户查找了解相关消息，又在用户心中树立了企业、产品可信赖形象。

二是百度百科排名、权重高。作为百度旗下产品，百度百科权重极高。搜索引擎在搜索关键词后的展现效果，基本上是竞价排名位置排名第一,百度百科排名第二。

此外，百科词条一经创建便永久有效，不会过期，排名一直很稳定。与SEO（搜索引擎优化）作比较，能更直观地体现百度百科在排名方面的优势。基本上，创建一个个人、企业、产品百度百科词条，无须再追加人力成本去维护它，排名就一直稳定靠前。而 SEO 则不然，只要偷懒省去人力维护，排名便有可能一落千丈。

三是百度百科流量转化率高。从百度百科用户那里得到的反馈是，从百度百科进来的流量变现力度非常强。首先，搜索关键词进入相关百科的用户，必定是拥有相关需求的目标用户；其次，用户大都养成了有问题找百度的习惯，对百度十分信赖，自然给予百度百科更多信任与喜爱。

第三，百度百科的"人的品牌"打造。

百度百科这么好用，那如何创建百度百科个人档案呢？首先请注意，百度百科收录人物的要求比较高，必须是行业领域里有一定知名度的人士才有资格进驻百度百科。

百度百科创建个人档案的关键是要有可靠来源的参考资料，这些来源包括："新华网""人民网""中新网"等新闻机构网站刊登的文章；"人民日报""光明日报""北京日报""陕西日报""南方周末"等中央及各地报纸刊物刊登的文章；"中国政府网""中华人民共和国国防部官方网站"等中央和地方各级政府部门网站刊登文章；"中国科学院网站""北京大学网站"等公立学术机构、教育机构网站；"新浪""腾讯""搜狐""网易"等门户网站刊登的文章；"36氪""时光网"等垂直分类的媒体网站刊登的文章。

百度百科创建个人档案没有参考资料，一定是不会通过的。现在我们看到很多没有参考资料的，那是以前创建的。如今百度百科官方加强了对参考资料的审核力度。

参考资料现在要求比较严格，提供参考资料应该注意：一是参考资料必须是内容的直接来源；二是参考资料必须具有公信力；三是百度百科和文库不能作为参考资料。

使用参考资料时，须遵循以下几个关键点：一是关键信息点必须有参考资料；二是词条内容与参考资料相符；三是使用可靠的参考资料。

在"内容可查证"的基础上，百度百科提倡可查证的内容有较为可靠的参考资料来源。百度百科创建个人档案一般认为较为可靠的参考资料来源包括教科书、国家标准或公文、学术文献、权威机构的出版物、官方网站、专业网站、有广泛影响力的大众媒体等。

个人博客、微博、论坛、各类用户可编辑的百科等，因为其内容可以较容易地被更改，所以都不是可靠的来源。商业网站如公司、广告、售卖性质的站点等，由于其盈利的倾向，内容往往不够客观，因此也不是可靠的内容来源。

以下几个原则可以帮助您确定参考资料来源是否可靠。（1）多个独立来源都一致认可的内容，一般是较为可靠的。（2）经过了较多的审查，需要很多步骤才能出版的文献一般是较为可靠的。（3）明确说明信息来源的内容，一般是相对可靠的。（4）拥有较多读者的内容一般比只在小范围内流传的内容更可靠。（5）在一个特定的领域内，该领域的专家、专业机构提供的内容比非本领域的专家、知名人、专业机构提供的内容更可靠。

所以，今天如果你作为微商团队领袖或者是想成为微商团队领袖，那么你必须布局自己的百度百科，因为今天是一个用户多渠道、多维度获取资讯的时代，唯有全网布局，才有竞争的余地。

看了就成交的朋友圈营销真谛

1. 绝世九晒，朋友圈黄金打造

还记得我刚刚开始研究自媒体营销、朋友圈营销的时候，有人问我，老师，营销走到微信朋友圈这一步意味着什么？我懵了，没有想到会有人问这样的问题，因为在我看来只要有人的地方就会有营销，所有的互联网工具都可以与营销挂钩。但是他问到的是"朋友圈"这个地方，而且提问者更是某行业商会的会长。我静下来想想，也许这是个话题——当营销遇上朋友圈意味着什么呢？营销走到微信朋友圈，游戏规则和以前比有什么变化，玩法有什么变化，下一步怎么玩？

朋友圈成为微商营销的主战场，深刻地说明了基于社交网络的营销已经非常重要。广告、媒体、搜索等传统网络营销效果在慢慢弱化，或ROI（投资回报率）不断降低，消费者对传统营销形式的信任度越来越低，对基于社交关系的营销信息会更容易接受。

2014年微商的迅猛发展已经充分说明，社交网络不仅可以建立信任，让信息传播，而且可以直接引导商品交易与传播。而营销的目的就是不断宣传企业或个人，构建消费者链接，产生信任，以至促进用户转化为消费者。

社会化营销的核心是把用户当成"人"，重视链接、互动与沟通，以用户的需求来生产营销内容，并且微商品牌需要人格化，要能像一个"人"一样有人情味、有个性、有温度地与消费者一起玩耍。哪怕是品牌的广告，营销文案都需要一改以往的官方、严肃，而应该用用户喜欢的，有趣的表达方式传递出来。

社会化营销从微博走到今天的微信，已经很清晰地说明未来微商营销是社群分布式的，所有喜欢一个品牌的用户就会聚集在一起玩耍，而且只需要建立平台，构建规则，维护这个消费者生态圈即可。也许并不是每一个微商品牌的粉丝都能够像小米的米粉、苹果的果粉那样疯狂，但是我们发现再小的微商品牌也有自己的粉丝和社群，你必须和你的消费者联结在一起。

那么接下来的朋友圈营销"绝世九晒"将会帮助你打通你和你的消费者之间的链接壁垒。

"绝世九晒"之一：晒辛苦。

大家都知道，我们做微商从开始拿货、拍照、修图、销售、发圈、打包、培训，到售后所有过程，都需要亲力亲为。我们很多伙伴只看到朋友圈光鲜亮丽的一面，比如坐在家里带着孩子、敷着面膜、吃着西瓜，然后一边卖产品，一边在微信群互动；还有一些非常大的团队的伙伴，经常组织去旅游，带着团队成员一起游山玩水，一边招代理，一边把好的产品分享给全国各地的伙伴，朋友圈的微友觉得好像不用干多少事情就可以赚很多很多的钱。但是，很多伙伴却不知道我们微商光鲜的一面的背后是什么。没有谁知道我们写课件到凌晨，培训到深夜，每天几十个甚至上百个快递，一个个去核实地址，一个个去打包、去发货。我们要在我们的朋友圈记录新进入的品牌的产品，然后再发产品给代理，打电话进行一对一的销售辅导。所有用户收款收货的截图，我们都要进行文字的编辑和说明，然后在朋友圈进行展示，这样才是一个真实的微商，才是一个实实在在的个人品牌、一个创业者、一个独立者，也才是我们的个人形象的打造者。

所以，我们要学习的第一招就是"晒辛苦"，我们一定要学会晒自己打包、填写快递单、搬货、发货等忙碌状态，要学会晒我们熬夜写课件的孤独，晒我们深夜辅导代理的用心……总之，我们要学会晒各种各样的关于"辛苦"的场景。记住，晒辛苦不是为了去装，而是要告诉我们的团队：没有人能随随便便成功！让他们彻底打消"微商就是躺着赚钱"的念头。

"绝世九晒"之二：晒激情。

古往今来，无数成功者的经历告诉我们，激情是成就人生的基石，没有激情，就不可能有成功。当拿破仑带领法兰西士兵翻越阿尔卑斯山，向敌人挺进的时候；当爱迪生醉心于自己的奇思妙想，虽上百次失败仍坚持不懈的时候；当罗丹沉浸在自己的雕塑世界，几乎达到物我两忘、废寝忘食的时候……是他们胸中熊熊燃烧的激情之火，支撑着他们的信念，让他们勇往直前，最终获得了令人瞩目的成就。可以说，与自信、坚毅等素质一样，激情是成功者必备的素质，甚至是最重要的一种素质。

我想大家都知道激情可以感染人，激情可以打动人，激情可以带动你的伙伴跟着你一起来干，有激情的人能够影响人，没有激情的人会被别人所影响。我相信大家都认同，微商是必须打造自明星的一个行业，只有强大的影响力，才能做到不销而销。

其实，做微商就是对生活的一种态度，对生活的一个理念，对行业的激情、正能量的认可。所以，给大家梳理了以下几点：（1）每天可以去发一些为之奋斗的目标，人生的一些目标。（2）不断地去挑战自己、激励自己、提醒自己，不要活在舒适区，舒适区只是避风港。（3）正能量，每个人都需要正能量，都需要有积极、乐观、健康、催人奋进的正能量。

激情作为一种强烈的情感表现形式，是精神饱满、生机盎然的象征，具有迅猛、激烈、难以抑制等特点。人在激情的支配下，常能调动身心的巨大潜力，所以，做微商一定要学会晒激情，通过晒激情来感染你的代理和用户。

"绝世九晒"之三：晒团队。

在这个世界上，任何一个人的力量都是渺小的，只有融入团队，与团队一起奋斗，才能实现个人价值的最大化，才能成就自己的卓越团队。为了实现一个共同的目标而集合起来的团体，需要的是心往一处想、劲往一处使；需要的是分工协作，优势互补；需要的是团结友爱、关怀帮助；需要的是风雨同舟、甘苦与共。一个想成功的人，仅凭自己孤军奋战、单打独斗，是不可能成大气候的，必须要融入团队，必须要借助团队的力量。

三年前，可能很多微商大咖孤军奋战也可以做得很好，但是从2016年起微商进入了团队协同作战的时代，"傍"上一个大团队、"傍"上一个大公司、"傍"上一个大平台的时代，我们一定要从"游击队"走向"正规军"。

"实力决定命运"，实力就是团队的力量，这是微商之路成功的基石。我们最开始做微商是一个人，但是我们背后有强大团队，背后有千千万万的伙伴，这些都可以晒出去。如果没有团队，我们永远是一个孤军奋战的小兵，别人也不想跟着我们一起来干。我们如果在团队中呢？就可以把一切集体活动的图片、代理、升级的图片发在朋友圈。获得成长的内容、团队培训的公告图片也都可以发朋友圈，这些东西也是一些极好的素材。

"绝世九晒"之四：晒社交圈。

人要学会优化自己的圈子，因为圈子决定你的格局，圈子决定你的未来，圈子决定你的命运，圈子决定你的位子。

如何理解圈子决定你的格局？与热爱学习的人在一起，会增长知识；与心胸宽广的人在一起，会放大格局；与富人在一起，会点燃创业激情；与哲人在一起，会增长智慧；与善良的人在一起，会越来越慈悲；与勇敢的人在一起，会越来越坚强；与积极乐观的人在一起，会越来越快乐；与有远大梦想的人在一起，会很有远见和希望；与有强烈的目标感的人在一起，会越来越珍惜时间；与有强烈的责任感和使命感的人在一起，会越来越有爱心和人格魅力。

在现实生活中，你和谁在一起的确很重要，甚至能改变你的成长轨迹，决定你的人生成败。和优秀的人在一起真的很重要，那么如何理解圈子决定你的未来？普通人的圈子，谈论的是闲事，赚的是工资，想的是明天；生意人的圈子，谈论的是项目，赚的是利润，想的是下一年；事业人的圈子，谈论的是机会，赚的是财富，想到的是未来和保障；智慧人的圈子，谈论的是给予，交流的是奉献，遵道而行，一切将会自然富足。

和什么样的人在一起，就会有什么样的人生。如何理解圈子决定你的命运？和勤奋的人在一起，你不会懒惰；和积极的人在一起，你不会消沉；与智者同行，你会不同凡响；与高人为伍，你能登上巅峰。生活中最不幸的是，由于你身边缺乏积极进取的人，缺少有远见卓识的人，你的人生变得平平庸庸，黯然失色。如果你想聪明，那就要和聪明的人在一起，你才会更加睿智；如果你想优秀，那就要和优秀的人在一起，你才会出类拔萃。读好书，交高人，乃人生两大幸事。

如何理解圈子决定你的位子？一个人的身份高低，是由他周围的朋友决定的，朋友越多，意味着他的价值越高，对他的事业帮助越大。朋友是你一生不可或缺的宝贵财富，因为朋友的激励和相助，你才会战无不胜，勇往直前。人生的奥妙之处就在于与人相处，携手同行；生活的美好之处则在于赠人玫瑰，手有余香。

要知道，做微商可以扩大我们的社交圈。如果没有微信，你没有微信代理商，你的社交量肯定没有现在大。你自己现在的粉丝和好友数量，没有接触到这个平台，没有接触到这个产品，没有接触到这个公司，是不可能出现的。要知道，你身后有千千万万的微商团队的家人们都对你无限地支持。你的朋友圈有你的朋友、有你的代理、有你的一个或多个上级合伙人，你朋友圈的资源越来越丰富，走遍全国各地都是你的朋友，这些内容都要展示在朋友圈里。所以说那些朝九晚五的先生们，每天围着老公转、围着灶台转的女士们，他们想改变自己的生活，想让自己的生活丰富精彩起来，做微商是一个非常好的选择。

做微商一定要学会晒社交圈，比如，与团队伙伴的合影，与微商大咖的合影，与微商朋友的合影，与明星的合影，等等。

"绝世九晒"之五：晒领悟。

很多从事微商事业的伙伴们从起步到月入十万元、百万元，一路走来的心路历程是非常不一样的，每个阶段都是自己的一个成长，晒领悟就是晒自己成长的内容，让微友走进我们的微商生活。通过朋友圈，让微友走进我们的内心世界，和我们产生共鸣，感性地去影响朋友圈的微友。

那么，晒领悟如何晒？我们可以晒出自己的微商生活的不同阶段的感受；可以晒出自己对微商、对产品和公司的感悟；可以晒出通过微商把自己从普通人变成大咖的心路历程，因为他是你原来的样子，朋友圈的人想变成你现在的样子，他就要跟着你一起来干。

"绝世九晒"之六：晒见证。

做微商的伙伴们要知道，用户就是我们的上帝，微友就是我们的用户，代理也是我们的用户，我们自己也是我们的产品，最好的广告就是让我们的用户最满意。把用户见证放在朋友圈，把对产品最真实的体验发到朋友圈，这样一来，代理和我们自己都是我们的产品最真实的代言人。这么做更能吸引微友来买你的产品，买了之后，产品确实属实，那么他可能会跟着你干。晒见证就是要把我们自己和用户对产品的体会发在朋友圈。

热情的用户是帮助我们销售产品和服务的最佳推销员，因此我总结了以下四个实用且强大的方法分享用户的见证。

第一，建立坚实的基础。

做好前期准备，从销售开始直到结束，选择正确的人建立成功个案。让用户保持愉悦并向他们提出正确的问题，然后仔细倾听，发现其中的关键需求。根据需求提出解决方案，再跟进每一个细节。

在刚开始销售时，问用户："你知道我们的目的是什么吗？"用户通常会回答："就是想卖些东西给我。"这时你应该回答："只是给你提供一个不错的参考选择。"让他们知道你的业务是建立在成功满足用户的需求基础之上的，这样才能获得长远发展。

第二，将反馈可视化。

2013 年，我在做微商城软件的时候，就明白了用户见证的重要性，所以我和我的同事起初拍回一些照片，上面是用户笑着围在我们身边看我们做手机软件演示。这看起来似乎很俗气，但当我把这些照片用于推销时，却产生了病毒式的感染力。当用户对微商城的任何部分产生质疑时，我都会翻出这些照片，然后讲述背后的故事，因此赢得了新用户信任，并帮助自己完成更多交易。

线下如此，在线上也是一样，当我们和微友在聊天的过程中，微友对我们的产品有任何疑惑的时候，发送这些可视化的照片给他，会产生意想不到的效果。

第三，制作视频或音频备份。

电视购物公司让用户在电视上通过电话分享他们的购物热情后，我们就能看到其销售额明显增长。这就是用户声音的力量，你也可以在销售中好好利用它。

我在做微商的时候，会选择一组与用户交谈的对话录下来。我让他们分享：为什么购买我的产品？此前都看过哪些公司的产品？选择我的产品后给自己带来什么好处？再遇到有类似需求的用户，当他们砍价或对售后服务支持有疑问时，我就会寻机发送这些声音给他们听，并最终打消他们的顾虑。

第四，展示个案经验。

每次销售完成后，都要接着问用户："我们的服务您还满意吗？"如果用户满意，那么就要抓住机会让他们成为推荐人。让他们简短地写一下个人经验，然后把它带在身边。这样当你遇到无法辩解的情况时，这些个案经验可能就会给你帮上忙。

"绝世九晒"之七：晒进展。

做微商的背后有一个非常核心的东西大家必须记住：我的改变让你看见。我们要让伙伴们知道我们从一个兼职的微商做到专职微商，从不了解微商到我们决定做微商，一步步走来，这些学习、成长的过程，都是我们朋友圈离不开的内容。当我们身处一个团队，首先要明确自己的团队的发展方向、团队的目标，只有坚持发展，团队和产品才能拥有健康的生命力。我们要把团队和个人完成任务的进展轨迹转发到朋友圈，其实这就是我们人生的升级！我们可能从几百元、几千元，然后做到几万元，可能从一个月卖出几盒货到一个月可以卖出几箱的货。要把我们进展的方方面面展示给大家，给他们讲我们的团队不断壮大，然后升级，然后继续壮大，最后，给他们讲我们的收入在不断地提高。

总结一下，晒进展就是晒以下三个方面：一是自己或者团队代理升级；二是团队队伍逐渐壮大；三是收入不断提高。

"绝世九晒"之八：晒势头。

微商营销造势的时代已经到来。何谓势？《孙子兵法》曰："激水之疾，至于漂石者，势也。"意思是说，湍急的流水飞快地奔流，以致能冲走巨石，这就是势的力量。其实，这也是造势营销的魅力。造势营销，吸引的是眼球，争夺的是利益，实质上是一种"不流血的战争"，同样需要借鉴《孙子兵法》，打破陈规，大力创新，以"奇"取胜。千古奇书《孙子兵法》曰："凡战者，以正合，以奇胜。故善出奇者，无穷如天地，不竭如江河。"用兵作战，总是以正兵挡敌，以奇兵取胜。所以，善于出奇制胜的人，其战术变化，就像天地万物那样无穷无尽，像江河之水那样奔流不竭。

"草根"奥巴马如何通过网络造势成功获得千万选民的支持？澳大利亚昆士兰旅游局策划的"世界上最好的工作"如何撬动全球关注度？这都是营销造势带来的效果。营销造势所引爆的关注度，可以让品牌一战成名！所以，在一个注意力至上的时代，没有什么比牵引公众的注意力、社会的舆论更具强大的推动力、鼓动力、杀伤力了。

微商品牌的成败很多时候取决于品牌运作者如何有效地抓住社会热点、引导公众的视线、引导社会的舆论，为品牌的发展营造出良好的发展环境，使品牌一鸣惊人。微商营销环境正在发生着巨大的变化。网络社会的全面普及、金融危机的影响、营销传播新技术的出现，都在改变着消费者的认知习惯、市场竞争的法则以及品牌的打造路径，一种强大的"蝴蝶效应"正在影响着我们的营销思维。做微商要谋得市场有利之势，就必须洞察正在被改变的一切。

造势营销要取得好结果，就必须善于借助各种互联网媒体：微信朋友圈、搜索引擎、社区论坛、QQ等即时通信软件、博客、微博、电子商务平台等，只有当这些工具被有效利用了，品牌才能最大化地得到传播。但是传播的速度取决于"内容"，如果仅仅是一则秒杀的硬广告，那么相信很多网友都已经司空见惯、不屑一顾，但如果是一则能够引起共鸣、极具娱乐效应的"软性广告"，情况则会大为不同。

我们要知道，微商面对的共同问题就是产品同质化，市面上的产品种类繁多。用户为什么会喜欢我们的产品，因为我们的产品质量过关，明星代言、大咖培训、相关媒体网站的频繁报道，这些都是用户和意向代理喜欢看到的。企业的注册登记信息营业执照是否值得信赖，产品的检验报告检测结果是否找到相关机构的认证，这些对用户来说都是一种保障。明星代言产品、与明星的合影、微商大咖的系统培训等，都需要晒在朋友圈里，让大家知道朋友圈的媒体报道，是对我们的信任背书，而且非常有效。

"绝世九晒"之九：晒授课。

记得很久之前我去参加过一次关于销讲的课程，台上的老师告诉我们：未来，所有的企业都是教育公司，先教育用户，再卖产品。后来，我总结了一下，干脆就把这种方法叫作"先教后卖成交法"。作为一个优秀的微商，你必须学会讲课，因此在这里，我要讲的就是要学会"晒授课"。

为什么要晒授课，其核心原因：一是，每一次讲课，对你来说是巨大的成长，对微友来说是巨大的进步，是他们的渴望；二是，有一个深刻的原因是很多人不知道的，就是当你已经要讲课的时候，你的身份就是讲师，这本身对微友来说就是一种影响力；三是，讲课也是在传递能量，无论你是教心态还是教别人赚钱的方法，或者是教别人怎么选品、怎么吸引粉丝、怎么卖货，这都是在传递正能量；四是，讲课可以赚钱，激发微友的欲望。

第三章

设计：微商销讲密码

微商销讲：微商时代的重要选择

这是一个演说的时代，小到同事矛盾、夫妻不和，只要一番妙语连珠的劝解，就能让矛盾双方重修旧好，破镜重圆；在部门会议上，晓之以理，动之以情地做思想工作，就能统一思想，凝聚人心。大到国际争端，激扬文字，指点江山，就能不战而屈人之兵；商务谈判，不卑不亢，据理力争，就能和谐共赢。

这是一个"微"时代，微博、微信、移动App（应用软件）……在社会高速发展、工作效率至上、信息大爆炸的今天，已经没有多少人愿意花费巨额的差旅费、课程费全国各地飞来飞去的听课。于是，"微商销讲"横空出世。

微商销讲，可谓微言大义，辞微旨远；句句有利，直指人心。人们永远不会为你的梦想埋单，只会为自己的好处行动！因此，不管何时何地，你所讲的每一句话都要对"用户"有利，这样用户才会愿意听下去。总的来说，在有限的时间内如何去说、说什么、怎么说，能够吸引用户的注意力，直到成交，这就是"微商销讲"的核心。

比尔·盖茨在《未来时速》一书中谈道："未来的21世纪是一个速度至上的时代，因为速度至上将打破人们的思维方式；因为速度至上将改变人们的行为方式；因为速度至上将优化企业商业模式；因为速度至上将能让一切都变得与众不同。"

2015 年，我第一次真正意义上接触传统培训行业，线下的演讲超过 100 场，我发现传统的销讲已经面临严峻的问题——邀约。直到 2015 年 10 月去郑州参加微领袖商学院，看到了"科技改变培训"的趋势，短短 3 个月，微领袖商学院线上培训人数超过 3 万人，微信的诞生将培训行业带入了一个全新的时代；同时，这样的变革也发生在微商领域，所有的微商大咖都在利用"微演说"引爆团队，快速掘金。于是，我将传统的销讲密码植入微演说当中。

社会在前进，人们在改变，微商销讲就此诞生，眼下方兴未艾，未来前景可期。

微商为什么要学会销讲？

我们曾在前面的"绝世九晒"之"晒授课"中写道：未来，所有的企业都是教育公司，先教育用户，再卖产品。前面只是提到，在这里我们来重点剖析这一主题。

作为微商，你们有没有发现，所有的微商大咖都是讲师，所有的微商领袖都会讲课，这个观点你认同吗？所有的微商团队领导人都会公众演说，这个观点你认同吗？如果认同，我再进一步询问，为什么他们一定要学习讲课并成为讲师呢？这正是本章要讨论的问题。

1. 每一次讲课对你来说都是巨大的成长

为什么说每一次讲课对你来说都是巨大的成长呢？因为你又能将所讲的知识与方法重新温习一次，毋庸置疑，这会极大地促进你的成长！所谓教学相长，有些你没记下来的方法，在讲过几次课之后，就能永远记住。

有些产品知识你背了无数遍就是记不住，但让你讲课时讲这个产品，让你上台分享这个产品，讲几次你就永远记住了，为什么？你也不用知道这背后的心理学原理，反正我告诉你：通过讲课，学员学会了知识，你也巩固了所讲内容。你能迅速记住你想记住的东西，这就是教学相长！

2. 每一次讲课，都是压力下的成长

每一次讲课的时候，都有压力，但这种压力对成长是有益的。有一句话非常经典：被逼无奈，成长最快！当你要开始讲课，有人要听你讲课时，你

就被逼无奈，心想一定要讲好，这是人的本能。每个人都想要证明自己的价值，所以，这个时候你会逼迫出自己的潜能，你会发现自己比想象中还要优秀！

你想一下，别人晚上都在看电影、吃喝玩乐，而你却在公司、家里做课件、讲课，在帮助别人，在传递正能量，你的成长速度自然要快过其他人。

3."讲师"身份的约束力

很多人也许并不知道，当你在讲课的时候，你的身份就是讲师。想一下，你都是讲师了，还能不优秀吗？你都已经给别人讲课了，还敢表现不好吗？你都已经在教别人怎么销售、怎么卖货、怎么吸引用户了，自己还能不做出成绩吗？这些无形中会促进你潜意识加倍努力，因为你要配得上"讲师"这个身份。

4.讲课能迅速提升一个人的自信

如果你讲过课你肯定会有这样的经验，突然发现自己比以前更加自信了。有时候你甚至会想，我都在500人的群里讲过课了，我都站上过讲台了，多了不起啊！

确实，这无形中增加了你的自信。

你不再是个卖减肥药的微商，你是个瘦身专家！

你不再是个卖面膜的微商，你是个美容专家！

你不再是个卖水果的微商，你是个专业吃货！

你不再是个卖保健品的微商，你是个健康专家！

身份一变，整个人就变了，很多方面都会不一样。

5.讲课是在传递正能量

无论你是教心态，还是教别人赚钱的方法，或者是教别人怎么选品、怎么吸引粉丝、怎么卖货，讲课都是在传递正能量。说通俗点，这是在积累你的福报。

一个人的运气怎么样才能变得更好呢？就是福报不一样，而这自然源于你平时的积累。你就像蜡烛一样，燃烧自己，照亮了别人；或许你不经意间还点亮了别的蜡烛。

所以，只有学会微商销讲，你才可以扩大自己的团队和提升业绩，因为销讲是见效速度最快的。目前绝大部分做得好的微商都会采用销讲这种模式。

微商销讲前期准备：细分听众

1. 听众定位：对牛弹琴不是牛的错

美国前总统林肯曾说过："当我准备发言时总会花 2/3 的时间考虑听众想听什么，而只用 1/3 的时间考虑我要说什么。"

为什么很多微商领导人的微演说付出了很大的努力，耗费了不少时间和精力，可是结果却不尽如人意呢？原因只有一个：不是所有的人都是你的目标听众，你把演讲的重点放错了地方。也就是说，对牛弹琴不是牛的错！我们在准备微信群销讲之前，一定要牢记，销讲的主题永远是围绕成交，销讲的重点永远是让听众觉得有所收益。销讲内容的重点并不在于你要说什么，而在于听众想要听什么。

想要成为一个成功的微商销讲高手，首先你必须了解你的听众，他们是"小白"还是代理商？如果是代理商，是哪个级别的代理商？这些都很关键。确定谁是你的听众，是成功销讲的第一步。

如果你是在团队内部微信群里面对一群熟悉的同事讲话，那么你的演讲已经有了不错的开端，因为你的团队就是你的听众，更重要的是你了解这些听众。

但是如果你要在一个 500 人的群里或是在一个大型的招商会上演讲，听众的组成变得复杂起来，可能有你的合作伙伴，还有你的竞争对手。

如果你被邀请到另外一个微商领域做客座演讲，那么你的听众就变得更加不确定了，这时你需要认真地做课前调研，正所谓没有调研就没有发言权。

了解听众的过程就是了解你该如何组织微商销讲内容的过程。再一次提醒大家：并非所有听你演讲的人都是你的听众。

听众的组成确实很复杂，可能属于你的听众只是其中一小部分，你要做的，就是从你演说的目的出发，把他们筛选出来。

一次，我在成都给金薇内衣的一个执行董事做一对一的私人微商销讲辅导。她准备给团队做一次执行力培训，课程的题目是"引爆执行力"，请我帮助她设计、优化演说稿。

我说："演说的第一步，你要先了解你的听众。请你告诉我，你的听众是谁？"

她说："这次主要是给我的团队做一次执行力培训，我的听众是钻石总代、一级代理和代理商。"

我说："他们并不全是你的听众，你的听众范围必须细化。具体来说，你的这一次培训的期望是什么？"

她说："我希望所有的钻石总代听完我的课程能够提高执行力，带领下面的一级代理和代理商更好地发展。"

我说："这就对了，你的期望是'希望所有的钻石总代听完课程能够提高执行力'，所以，你真正的听众是钻石总代，虽然群里面还有一级代理和代理商，但是谁是你演说的目的所在，谁就是你真正的听众。接下来，我们就应该针对钻石总代来调整演讲稿的内容。"

综上，我们可以得出一个结论：一次演讲只能有一个重点。一次演讲中，不管你的听众有多少人，你永远要从中找出"重点听众"来，然后花90%甚至100%的精力在这些"重点听众"身上。

2. 听众兴奋点：听众永远关心的是收获

微商销讲当中，有一句话贯穿始终：听众永远关心的是收获。

听众四问：第一，我能得到什么？第二，我能从你的演说里得到什么？第三，我为什么要听你的演说？第四，你的演说能给我带来什么好处？

听众关心的两个方面、八项内容：一是物质收获方面，包括金钱、健康、效率、品质等内容；二是精神收获方面，包括荣誉感、成就感、安全感、自豪感等内容。

在不同的演说当中，听众关心的问题也是不一样的，但是一定不会超出以下范畴：

我能从你的演说中收获金钱吗？（代理商、投资者）

我能从你的演说中收获健康吗？（产品讲解）

我能从你的演说中收获效率吗？（代理商团队）

我能从你的演说中收获品质吗？（代理商、消费者）

我能从你的演说中收获荣誉感吗？（表彰、动员演说）

我能从你的演说中收获成就感吗？（表彰、慰问演说）

我能从你的演说中收获安全感吗？（零风险承诺）

我能从你的演说中收获自豪感吗？（阶段性的总结演说、讲师班的演说）

微商销讲能量：让你的演说引爆全场

1. 突破恐惧

突破演讲的恐惧，是微演说取得成功的第一步。内心的恐惧是演说前行的第一拦路虎，这个恐惧可能来自没有经验，也可能来自过去失败的经历，总之就是讲的次数太少了。

恐惧演讲是人人都有的心理状态。你越是恐惧，想要表达出来的想法就越少；想要表达的想法越少，能够实现表达的想法就越少；能够实现表达的想法越少，就越恐惧。这是一个恶性循环，一个很难控制的死循环。

要应对恐惧，进而突破恐惧，首先应找出恐惧演讲的原因，具体包括以下八个方面。

一是不自信。不自信是恐惧演讲的首要原因，几乎也是所有恐惧的根源。不自信源于对自我的不认可，当你不认可自己的能力时，就会失去当众演讲的自信。

二是无经验。"恐惧往往源于未知和不确定。"经验的缺乏是恐惧演讲的第二大原因，尤其是很多第一次演讲的人，他对演讲的结果是未知的，演讲的经验也没有，当然会感到焦虑和恐惧。

三是过去失败的经历。面对恐惧，70% 的人都受到过去失败经历的影响。这种失败的回忆使得很多想要演讲的人不愿意再有第二次，所以想到过去，就会对演讲充满了恐惧和焦虑感。

四是要面子。要面子的原因是害怕出丑，让别人笑话。对于这些人来说，演讲就等同于要将自己自卑的一面展现给陌生人，所以他们对此备感恐惧。

五是准备不充分。对演讲内容的准备充分程度也会影响恐惧的程度。如果在开讲前准备不够充分，那么在授课时就会有所担心，从而影响自己的发挥。

六是过度追求完美。完美主义的人通常对自己的要求非常苛刻，想要所有的听众都能赞美自己，希望所有人都欣赏自己的演讲，而往往任何一场演讲都不会使 100% 的人满意，正是这样的结果让他们感到恐惧。

七是听众人数。所要面对的听众人数也会影响演讲者的心态。过多或过少的听众，都会让演讲者产生恐惧的心理。

八是身份不对等。听众的身份和地位常常也会给演讲者带来恐惧。如果听众的身份都是比较重要的人，比如万人团队领袖、微商品牌老总等，很多人就会感到紧张。相反，如果听众是一群幼儿园小孩，这种紧张感和焦虑感就会大大降低。

每个人都不是天生有胆量的，迈出第一步总是比较艰难，因此我们只能不断地磨炼自己，从中获取经验、不断突破、掌握技巧，最终赢得更多人的赞赏。每一个成功的微商，都是不断地在失败中总结经验、在实践中进步，最终走向成功的。如果你在微信群中演讲，做分享，那就大胆讲出来！当一个人处于一个新环境的时候，尤其是想展示自己的时候，胆怯、恐惧是非常正常的，但只要明白，一回生，二回熟，只要我们克服了它，就能很快取得成功。下面给大家分享三个应对恐惧的关键方法。

一是建立自信。第一步，要直面恐惧。建立自信并不难，首先你必须认识到，恐惧本是有益的，你并不需要对抗恐惧，因为恐惧证明你有表达自己的愿望。人只有无所谓的时候才不会感到恐惧，无所谓的态度也意味着消极。第二步，要调整自己不合理的期望。你是否希望自己得到所有人的认同？很明显，这是不可能的。你要做的，不过是学会让不认同你的听众不出现在你的期望里。

二是充分准备。恐惧并不难克服，演讲前进行充分的准备，对演讲过程积极地进行思考。练习，练习，再练习。成功的演讲家都是需要不断练习的。

三是迈出你的脚步，离开自己的舒适空间。何谓舒适空间？当人的神经系统习以为常于某些人、事、物后，便会产生"舒适空间"。对人们来说，演讲可能是不习惯的，所以它不属于你的舒适空间。但是，没有一个成功的微商是不需要离开舒适空间就能成功的。待在舒适空间里，将会阻碍你的成功。你要相信，自己已经准备好了，完全可以迎接挑战，现在就离开你的舒适空间，走过恐惧地带，实现自己的演讲梦吧！

2. 三驾马车

演讲不仅仅是敢于突破恐惧，特别是销讲，更重要的是要懂得如何去设计，只有会设计演讲才能够抓住人心，展现演讲魅力。说得简单一点就是，讲出去要让听众喜欢你、信任你，掏钱买你的产品。

三驾马车之一：文字语言。

有研究显示，演讲成功7%是靠文字语言。因此，只有先将这7%做好，你才有可能做到100%。一篇成功的演讲稿包含三个文字要素：陈述语、激励语、说服语。陈述语即用于陈述事实、抛出事实、陈述现状；激励语即用于鼓励、激励、唤起情绪和情感、刺激神经；说服语即用于说服听众，唤起行动和认同。

在电视剧《亮剑》中，日本鬼子对李云龙独立团的根据地进行了扫荡，情况非常严峻，团长李云龙和政委赵刚需要对士兵们进行战前动员，目的是鼓舞士气，使大家同心协力突出重围。

李云龙："同志们，大家都知道了！鬼子对我们的根据地进行了扫荡，这次扫荡不比以往，情况可能会更糟糕！我要说的，只有一句！天下没有打不破的包围圈！

"对我们独立团来说，老子就不把它当成突围战！当成什么？当成进攻！向我们正面的敌人发起进攻！大家有胆量没有？记住，全团哪怕只有一个人，也要继续进攻！死，也要死在冲锋的路上！如果有谁怕了，我可以给他机会，让他脱掉军装，交出武器，和老百姓一起转移！有没有？（众士兵：没有！）

"好，都是有种的汉子！把刺刀给我磨快，把子弹给我推上枪膛！把手榴弹的盖给我拧开了！想消灭独立团，他鬼子还缺副好牙口！时间紧迫，我就不多说了，下面请赵政委做战前动员！"

赵政委："同志们，我说得也不多，我只想告诉你们，入冬以来，鬼子在冀中地区进行了残酷的大扫荡，冀中各区部队和敌人进行了激烈战斗。同时，敌人向冀东南、冀西北地区也进行了扫荡！敌人在华北地区形成了一个巨大的包围圈，想一口吃掉我们！我不想隐瞒，必须把真实情况告诉你们，我们将面临一场前所未有的血战，战斗将极为残酷。

"我们中间，会有很多的同志牺牲。我要说的是，不管有多大的牺牲，这都是我们必须承受的代价，因为我们是军人，我们肩负着守土抗敌的使命和责任。我们不牺牲，难道还要牺牲我们的父老乡亲吗？（众士兵：不能！）

"同志们，尽管敌众我寡，实力悬殊，但是我们敢于和敌人以命相搏！杀开一条血路！狭路相逢勇者胜，我们要杀出独立团的精神！"

敌众我寡，形势不容乐观。李云龙和赵政委分别进行了动员，两个人的动员词合起来是一篇完整的演讲稿。

在动员过程中，李云龙首先抛出事实，然后依次交叉使用陈述语描述事实和激励语鼓舞大家，极大地提高了士兵的士气。

而光是这样还不够，轮到赵政委说话时，他先使用陈述语进一步描绘了现状的残酷性，之后他使用了前面李云龙没有使用过的说服语来说服大家，这个说服语相当重要，没有说服语，整个演讲的效果就大打折扣了。

如果说激励语的作用是鼓舞士气，调动大家的情绪，那么说服语的作用就是在理智上让大家知道必须要这样做：没有别的路可以走，我们不打仗，难道还要老百姓打仗吗？

同样的，在一篇微商销讲稿当中，陈述语、激励语、说服语也要合理使用。但是一般来说，陈述语应该在最前面，阐述事实；之后是激励语，激发情感；最后是说服语，呼唤行动。

在我们的微商团队当中，情况也是类似的。当微商领导人在鼓舞代理商士气时，他们常常这样说：

大家都知道了，三个月我们业绩下滑了30%（陈述语：讲事实）。

但是我对我们有信心（激励语：鼓励）！

我们是最好的团队！有最优秀的代理商和最完善的培训体系（激励语：鼓舞士气）！

让我们一起共渡难关！这个难关只是一时的，只要我们同心协力，持续向前就能把业绩再次提升上来（说服语：呼唤行动）！

这短短的几句话就包含了陈述语、激励语和说服语。从文字上看，这几句简短的动员词是非常成功的。

三驾马车之二：语气态势。

同样一句话，为什么有的人讲出来很有影响力，有的人讲出来效果就平平淡淡，关键在于气息的控制和声音的运用，首先要知道如何控气，之后要学会运用自己的声音。

第一，气息控制。

运气。运气的核心在于气。有气，就具备了精神状态，具备了影响力。那么，如何运气？如何控制气息？

首先，我们要学会腹部吸气。你需要慢慢地吸，腹部吸气，气沉丹田。你观察小孩子，小孩子哭的时候声音都是很大的，能哭很久，因为他用腹部吸气。

其次，我们要学会牙齿吐气。牙齿吐气，也就是吐气的时候你要感觉到气经过牙齿，不要让气摩擦嗓子，这个过程要持续不断地练习。

第二，运用语气的变化表达疑问、叙述和指令。

在微商销讲当中，无论你演讲的过程是怎样的，有一个声音弧线一定是最后走向低音，因为低音代表了确定。同时，在演讲的过程当中，语气的变化也非常重要。一个人的演讲好坏并不取决于声音的大小，声音大也不能代表能量足。如果你的演讲从头到尾声音一直很大，这就等于毫无重点。一场演讲当中若是始终保持高音演讲，会使听众感到非常累，因为全程都是高潮等于没高潮，反而令人疲倦；而一场演讲当中若是始终保持低音演讲，则使人昏昏欲睡。因此，恰当地运用语气的变化来达到不同的效果才能称得上是一次有血有肉的演讲。

第三，变换音调和语气达到抑扬顿挫的效果。

语气态势有一个要诀，就是变调。其中，销讲时语气上的高音，表达的是疑问；语气中的中音，表达的是叙述；语气下的低音，表达的是指令。

在微商销讲当中，熟练使用语气上、语气中、语气下，高音、中音和低音，能使你的演讲呈现抑扬顿挫的效果。即使是同一篇演讲稿，由不同演讲水平的人呈现出来，效果也肯定是不一样的。所以平时我们要通过有意地练习达到良好的演讲效果。

比如说"我实在是受够了"这句话，就一定要表现出有力、沉重、强调的语气；如果是开玩笑，就一定要表达出轻松愉快的语气；如果是失望地说，就一定要表达出沉重失望、不愿意再多说的语气。

第四，听录音了解并改进自己的演讲。

仔细听你的演讲练习录音，分析你说话的音量、频率、音调与你当时所在的环境是否相符，你的声音是否充满热情，还是如同背书一般死板？在这方面，听录音有助于你了解并提升自己的演讲水平。

第五，去除演讲中的啰唆词。

很多微商领导人在学习演讲时，会带有一些习惯性的词语，这些词语并没有任何意义，比如"嗯""啊"等。这时就应该多练习，制订出计划让自己摆脱这些无意义的习惯性词语。

三驾马车之三：故事演绎。

在微商的销讲当中，"故事"是一个必须经过精心策划的过程，借此可以了解品牌；而讲故事的方式不但有助于了解自己，还有助于了解品牌的前景，建立长久的、不受任何竞争宣传影响的用户关系。

讲故事也需要诀窍，要求非常直观而且容易理解，以引起听众强烈共鸣的方式，解决实际运作中遇到的问题。讲故事是我们思维意识的一部分，一旦意识到它的存在，我们就能更有效地运用它。

我们学到的这种方法，从人类语言诞生之初直到今天一直都在使用，故事讲述者们用它来揭示普遍真理。而且通过进一步观察，我们发现很多微商品牌正是不知不觉地借鉴这种方法获得成功的。

"真相"光着身子走进一个小山村，村子里的居民一看见它就开始不停地咒骂和暴打，他们用暴力把"真相"赶出了小山村。"真相"狼狈不堪地来到一个小城堡，但是这里的人们依然对它拳脚对待，朝它吐口水，辱骂它，再一次把它赶了出来。

"真相"继续前行，孤独而又悲伤，沿着空无一人的道路走向下一个落脚地。它真的非常期待能够遇到一个人，看到它会觉得非常开心，会愿意张开双臂拥抱毫无遮掩的它。

天已经黑了，它来到第三个地方。它希望在清晨的第一缕阳光出现的时候，小镇的居民会高兴地欢迎它的到来。可是第二天天一亮，小镇的居民一看到它就骂它，还把家里的垃圾抛向它。

"真相"伤心地离开了这座小镇，跑进了一片大森林。清理干净身上的垃圾之后，循着阵阵欢声笑语，它又走回小镇。这时，它看见镇上的居民都在鼓掌欢迎"故事"的到来。人们拿出了许多好吃的给"故事"，"故事"微笑着沉浸在人们的喜爱和赞赏之中。

黄昏来临，"真相"感到懊恼，躲在路旁抽泣。镇上的居民对它不屑一顾，只有"故事"来看望哭泣的"真相"。

"真相"告诉"故事"一路走来，居民们怎么欺负它，它多么悲伤和孤单，它多么想被接纳、被欣赏啊！

"故事"听了之后说："你当然会被拒绝啦！""故事"看着"真相"，平静地说，"没人愿意看见赤裸裸的真相，即便你袒露了真实的自己。"

"故事"非常同情"真相"的遭遇，便把五颜六色的衣服给了它，让它穿上。"真相"穿上了"故事"给的漂亮衣服，和它一起来到了附近的小镇。镇上的人们热情地招待了它们，并且非常喜爱它们。对于"真相"来说，包裹在"故事"的漂亮衣服之下能让它变得美好。"真相"和"故事"一样，学会了让倾听者自己做出判断。

从那天起，"真相"和"故事"成了最好的搭档，"真相"发现，当它穿起"故事"的漂亮衣服时，比起曾经那个赤裸的"真相"，更容易让人接受。

正如这篇有趣的故事一样，在讲故事的过程中，我们发现了故事的力量。这使我们意识到，在我们做微商的经历中，这些经历着的故事，是最有力的交流武器。为什么？当然原因有很多，但其中最重要的在于讲故事的目的。正如这篇故事所揭示的，故事能够无限接近真相，但又不会去揭露真相。故事能够激励人并引起共鸣，使听故事的人参与到价值观和信念的交流中，而不是直白地揭露或简单地告诉人们价值观和信念是什么。

当然，所有的故事都在试图告诉我们一些事情，无论故事讲述的是爱情、勇气还是自由的重要性，它向我们传达的一直都是人类基本的价值观。好的故事在于它不会对我们指指点点，而是将真相娓娓道来。

如果把每个人和每件物品比作品牌，那么我们都有自己的目的。然而这个目的有时过于直白、露骨，而且常常受利益驱使。如果我们不急功近利，把眼光放长远，就能着眼于更有感染力的东西——一个具有感染力的故事。故事不会急于一时的成效，相反，故事能促进好的结果产生，微商将越来越依赖于故事。

要讲好故事，需要运用故事思维。作为一个资深的微商人，必须明白讲故事和故事思维这两个不同的概念，以便我们在扩大团队和品牌运作中起到良性的作用。

首先最重要的是，讲故事是一种策略。故事是一个工具，能够促使人们接受一种主张，并且采取行动，给人留下美好的记忆。但讲一个故事去卖一些产品和真正成为一个故事之间是有区别的。二者之间的区别在于，仅仅使用例子或者是暗喻去阐述一个观点，还是把这些观点演变成一种值得人们推崇的价值观。

讲故事是通过一些情节线索阐明一个销售观点，这些情节线索会把消费者放在一个虚拟的或者是十分真实的角色当中。相比之下，故事思维是在品牌自身担起一个领导角色的情况下产生的，这个领导角色所代表的信念与消费者所推崇的信念是一致的。所以，讲故事和故事思维都利用了故事的感召力和原创性。但是故事思维是一个计划的过程，这个过程帮助那些微商操盘手更好地表达并且定义了一个品牌功能方面的信念，这种信念是一个微品牌的根基，同时也正是这样的价值观维系了一个品牌的经久不衰。

作为一个故事品牌扩散者，你要有想跟全世界的人们分享一些重要事件的思维方式，但是你不用构思一个带有重要主题或者是信息的情节。故事思维是一种全局性的战略，而不是为了达到某一目的的某一个战术，它会使情节和主题之间相互支持。而讲故事通常仅是介绍情节。

故事思维对于微商品牌操盘手来说有重要的意义。在微商销讲当中，讲故事也是一种非常有效的方法。故事能深入品牌核心，解释为什么你的品牌能够存在。

3. 一问一答

在微商销讲的过程中，当课程到了尾声的时候，你需要安排一些和微信群里的伙伴相互交流的时间。在交流的过程当中，你的任务有两个：执行提问；执行解答。

第一，执行提问。

在执行提问的过程当中，我们有一些小小的技巧。

一是自问自答。执行提问是一门技术，很多情况下你询问大家有没有问题，对于所讲的内容有什么疑惑，这时可能会出现冷场的情况：群里没有人互动。所以，执行提问的第一个技巧就是自问自答。在微信群中，你需要布置 3~5 个小号，当大家都不互动的时候，这些小号就要引导大家。大部分听众都有从众心理，认为别人不互动自己也不互动。为让大家都能互动，可以利用小号进行互动造势，这时候，群里的伙伴会受到活跃的小号的影响，开始发言互动。

二是"@"互动。第一个互动的人是很勇敢的，所以一旦有人互动了，你就需要 @ 他，然后赞美他和鼓励他。你要通过对他的赞美告诉其他伙伴：分享需要勇气，勇气需要鼓励。你一定要给他相应的支持和鼓励，这样才会有更多的人互动。

三是限定时间和人数。采用限定的方式意在塑造稀缺性，首先，能够使互动在有限的时间内做完，比如互动时间只有 15 分钟，这时你可以通过限定回答的人数来限定时间；其次，可以使本来不想积极参与的听众变得积极起来，当人数有限时，本来犹豫的人会变得积极。

四是主动出击。如果以上三个技巧都运用了还没人互动，这时候你可以选择一个在课前或者是课中活跃的听众，或者是你熟悉的听众来问："刚才我看你听得很认真，请问你有什么疑惑吗？"

总之，作为一个资深的演讲者，你的授课时间必须在你的掌控之中，你要知道演讲时间是多少，知道互动时间是多少，知道提问时间是多少，也要知道在你的表达过程中已经花费了多少时间。在提问过程中，若是一个听众说得太长，出现刷屏的现象，你必须告诉他：抱歉，时间非常有限，为了不影响给其他伙伴解答问题，请最多说出 3 个问题，或者是加我微信课下私聊。最好是一开始就打预防针，即在课程一开始就告诉听众，今天只有多少时间可以交流。

第二，执行解答。

如果说执行提问是一种技术，那么执行解答就是技术中的"战斗机"。当听众开始提问的时候，你应该如何应对呢？

一是真诚、用心地回答。如果听众的问题在你的专业领域，你了解答案，那么你只需要真诚用心地回答即可，不要炫耀，千万记住要"谦卑"。

二是让听众相互回答。对于那些开放式的，又没有特别大难度的见仁见智的问题，可以让听众直接相互回答。当听众回答完，你可以做个小小的总结，或展开，或点拨一二。

三是直接反问回答。比如直接反问："你觉得呢？""你之前是怎么做的呢？"先了解听众过去的方式，再给出建议和意见。

四是拒绝听众的问题。"抱歉，这个问题不在我的分享范围内。"

五是敢于放低自己的姿态。任何一个人都不可能事事都精通，当一个问题难住你时，承认自己的不足并不丢脸。你可以说："对不起，这个问题正好也是我最近在研究的问题，现在我还没有能力回答它。我们互相加个微信，当我对这个问题有了一定的研究成果之后，就把自己的答案分享给你。"

4. 贵在练习

我一直相信，如果你不会做，或者做不好一件事情，同时你又非常渴望把这件事情做好，那么你就需要一个劲儿地让自己出丑，直到学会为止。正所谓："先出丑，再出彩！"如果说微商销讲有真正的秘诀，那么这个秘诀只有一个——演讲需要持续不断地练习。

在我学习演讲的时候，每次讲完都会自己给自己打分。也许听众不会觉得我讲得不好，他们是认可我的。但是我心里非常清楚我每一场到底发挥得好不好，因为这是我的专业。

每一次课程结束之后，你都应该对自我表现进行评分，哪里做得好，哪里做得不好，然后对不好的地方进行改进。例如：文字修辞是不是精妙？声音语言是不是抑扬顿挫、节奏明显、错误很少？在互动环节表现得如何？和听众互动是否顺利？微信群的气氛是否热烈？如果互动不顺利，那又是什么原因？在开头和结尾表现得怎么样？开头有没有抓住听众？结尾有没有掀起高潮？整场演讲出现了什么问题？是你的失误还是听众的干扰？你又是如何应对的？根据以上内容给自己打分，是"超常发挥""很好""一般""比较差"，还是"超级差"？失误点在哪里？然后根据失误点，反思应该怎么修正自己的表现，然后期待自己的下一次呈现。只有这样，下一次遇到同样的问题，你才会表现得更好。如果你表现得不够好，说明你练习得不够多。

没有最好，只有更好，因此我们应持续不断地调整演讲的内容。一个优秀的微商领导人，在团队当中要讲的内容无非就这么几个：使命、愿景、动员、变革、行动、募资。你的演讲永远会有下一次，所以你每次讲完都要持续地修正它，使演讲水平不断进步。

学习微商销讲不需要练习很久，只要认真学习，基本上一个月时间你的演讲能力就能提升。所以，你必须花时间投入到微演讲的学习中，把这门课程学好，把这个技术练好。同时也请各位牢记这两句话：演讲最终传递的不是内容，而是一种感觉。演讲最重要的，是和听众建立起情感联系的纽带。

演讲，是我们微商的必修课。

万能微商销讲设计

1. 打造不可思议的自我介绍

在这个世界上，所有最顶尖的演讲都是从自我介绍开始的，自我介绍是自我推销的钥匙。演讲者一开口，其实就是在做自我介绍。通过自我介绍，你将学会包装自己和销售自己。

你最大的进步就来自无懈可击的自我介绍。如果你想在微商界持续不断地获得成功与进步，那就让自我介绍无懈可击。通过自我介绍，能改变自己对自己的看法，也可以改变别人对自己的看法。

虽然自我介绍一般只有 3 分钟，但这是一个让别人眼睛发亮的机会，决定了别人是否要听你演讲。所以，你要将自己的特色和对听众的好处讲出来。人们最爱听故事，尤其是自己真实的故事，没有什么难以启齿的事情，讲出来就是奇迹。

第一，不可思议的自我介绍。

什么样的自我介绍是不可思议的？记住，起码要达到一种效果：瞪大眼睛，清空耳朵，听我讲话。

不可思议的自我介绍要点：一是一定要介绍姓和名及来自哪个地方；二是自我介绍就是写自己的"剧本"（你的过去、现在和未来）；三是你的自我介绍必须让听众发出一连串的"哇"的声音，引起听众的共鸣；四是要告诉大家你即将给大家带来多少令人兴奋的消息和资讯。

如何介绍你的过去？一是你过去有哪些不可思议的经历；二是你过去做过哪些惊天动地的大事；三是你过去创造过哪些令人叹为观止的业绩；四是不断地回顾过去，并赋予过去价值，讲出来激励更多的人。

如何介绍你的现在？一是现在有多少顶尖的人欣赏你、推荐你并与你合作；二是你现在正在做一件多么伟大的事情；三是你现在有多少微信好友和粉丝；四是现在有多少人（团队、家人、朋友、贵人、名人）在背后支持你。

如何介绍你的未来？一是你有多么远大的理想；二是你有多么伟大的人生使命；三是你未来将缔造什么样的历史纪录；四是你将如何去实现你的理想、目标与使命。

第二，简单型自我介绍。

简单型自我介绍是演讲中非常普遍的一种自我介绍，但是在现实生活中大家可能并没有做好这样的介绍。这种介绍主要用于微信群的正式场合，参加学习交流等。

简单型自我介绍要点：①问好；②感谢；③介绍姓名；④来自什么地方；⑤从事什么职业；⑥祝愿！

各位朋友，大家下午好！非常高兴今天能在这里认识大家。能够在这里和大家分享，首先要感谢我的父母给我的支持，让我能来到这个课程，我想，给我们全天下最伟大的父母热烈掌声鼓励一下，好吗？（微信群刷鼓掌）谢谢，我叫杨银，杨是杨家将的杨，银是银行的银。我来自天府之国四川，目前从事微商教育培训行业。在此也祝福在座的每一个朋友，事业能够像杨家将一样奋勇向前，口袋里的钞票能够像银行一样取之不尽！谢谢大家！（微信群刷鼓掌、鲜花）

第三，塑造型自我介绍。

这种介绍带有一定塑造个人价值的性质，主要用于微商招商课程，一对一的交流也可以。

塑造型自我介绍要点：①问好；②姓名；③来自哪里；④从事何职业；⑤个人优点；⑥人生梦想；⑦人生格言；⑧对别人的帮助。

各位朋友，大家下午好！非常高兴认识大家，我叫杨银，来自天府之国四川，目前从事微商教育培训事业。2015年，我受微商界各个品牌商、导师团邀请授课，并在恩师王永红的影响下，联合成立川尚国际教育机构，正式进入培训领域，"讲我所做，做我所讲"，旨在帮助千万微商个人及团队快速掘金。我的梦想是将微商行业推向世界的舞台，我会用我一生的时间去为之奋斗和努力。我的人生格言是："生活不止眼前的苟且，还有诗和远方。"今天认识杨银的朋友，加我微信，我将送给大家一份微商实战课件。谢谢大家！

这种介绍没有太多东西，主要在宣传自己过去的业绩，目的在于引起听众的兴趣。除非你是比尔·盖茨、马云等非常知名的人物或者在团队内部大家都认识你，其余情况，最好先塑造自己。

各位朋友，大家好！非常高兴今天来到微咖汇社群和大家一起分享交流。在分享之前，我要给大家讲一个小小的故事。有这样一个年轻人，2009年高考落榜，以二本线的分数进入四川文理学院，学习"电子科技与技术"专业。由于身上有一种不服输、坚忍不拔的韧劲，他潜心学习IT技术，并成功自创"全网营销引流"技术。大学期间他就参与福州进口零食网——曹操道项目运营，成功帮助其转型，其后他在大学实习期间加入广东步步高"小天才"事业部，从事软件脚本编辑。

2011年带着创业的梦想，这个年轻人自主开发微信外卖系统，建立进口零食网站，由于自己不懂设计，被广告公司宰了2000元，于是他开始学习设计，现在已经熟练掌握大部分设计类软件，并在微营销、朋友圈营销、全网营销推广中起到至关重要的作用。2011年，他独自创立"德阳喜多多零食铺子"和"德阳喜多多优选生活"后，开始白天跑业务，晚上线上学习营销。2013年，他加入"QQ农场偷菜"制作人金菲姥爷团队，潜心学习微营销，在一年时间内，阅读完市面上所有微营销、微商、互联网类书籍，并联合创办"微营销落地系统"特训营，帮助超过100家传统企业转型。

2015年，他作了一个最伟大的决定，毅然放弃了原来的公司，选择演讲事业。他受微商界各个品牌商、导师团邀请授课，并在恩师王永红的影响下，联合成立川尚国际教育机构，正式进入培训领域，"讲我所做，做我所讲"，旨在帮助千万微商个人及团队快速掘金。

2016年10月，微商品牌洗牌基本结束，自媒体营销登上舞台，他再度起航，与人联合创立"蒂斯蓝黛"高端内衣云商品牌，任其品牌微营销顾问。他用2个月时间做到近400万元业绩，团队成员近200人。各位，你们知道这个年轻人是谁吗？叫什么名字？（银哥）所以，各位，今天我将结合我6年的互联网和移动互联网经历以及花费20多万元参加的各种培训课程所学到的成功资讯，还有我100多场演讲经验和亲自经营微商品牌的一些心得，把它们毫无保留地分享给大家，让你们在原来非常优秀、非常成功的基础上迈向更大的成功，好不好？（好）各位，如果今天，你们的鲜花越多，我跟大家分享得就越彻底，听说刷鲜花和刷巴掌的速度跟成功的速度是成正比的，你们要不要给银哥再刷一波，鼓励一下？

第四，宣传型自我介绍。

我们很多人，很有能力，也很有才华，可是为什么别人不知道呢？因为没有宣传。当你要去演讲的时候，首先需要宣传。要宣传，就需要一个宣传型的介绍。建议每个准备做讲师的微商人都写一个宣传型的介绍，然后把你的介绍通过全网推广出去，让更多的人认识你。

宣传型自我介绍要点：①头衔；②人物描述；③过去的经历；④过去的业绩；⑤作品；⑥目标与使命。

银哥，一位极具使命感的教育家和企业家，中国微商"五界营销思维第一人"。

他从2009年进军PC（个人计算机）互联网领域，以"全网营销引流"技术，参与福州进口零食网——曹操道项目运营，成功帮助其转型。2011年，他进军移动互联网领域，回到家乡德阳，创立德阳本地进口零食平台"喜多多零食铺子网"。2012年年初，他创立德阳大学生外卖平台"喜多多优选生活"，日均接单超过2600单，该平台2012年年底被"饿了么"整合。2013年，因与智慧结缘，他加入"QQ农场偷菜"制作人金菲姥爷团队，潜心学习微营销，在一年时间内，阅读完市面上所有微营销、微商、互联网类书籍，联合创办"微营销落地系统"特训营，帮助超过100家传统企业转型。2014年，微商兴起，他顺应趋势，联合"城市故事"四川分公司成功进入微商领域，起盘就做到800万元业绩，并成为微商领域实战导师。2015年，他受微商界各个品牌商、导师团邀请授课，并在恩师王永红的影响下，联合成立川尚国际教育机构，正式进入培训领域，"讲我所做，做我所讲"，旨在帮助千万微商个人及团队快速掘金。2016年10月，微商品牌洗牌基本结束，自媒体营销登上舞台，他再度起航，与人联合创立"蒂斯蓝黛"高端内衣云商品牌，任该品牌微营销顾问。他用2个月时间做到近400万元业绩，团队成员近200人。

他一直扎根在互联网、移动互联网领域，并一直在实践和不断探索。"讲我所做，做我所讲"是他一直践行的一句话。如今，他在微商界被称为"微商指环王"，并被权威机构评为"中国十大杰出讲师""中国微商五界营销第一人"。

6年来，他扎根互联网和移动互联网领域，成功举办"微营销落地系统总裁班""312落地系统""移动微营销变革之道""微商闪电式百万富翁""总裁逆袭，成效为王"等系列高端微商总裁研修班。他亲自咨询辅导过的微商品牌已超过50家，100%的微商团队在3个月之内获得不同程度的绩效递增。他的授课与咨询注重实战、实效，拒绝空洞说教。

他的事迹被腾讯新闻网、网易新闻网、凤凰网、新浪新闻网、搜狐网、长江网、今日头条等100家权威媒体报道。

他所讲的主要课程包括："移动微营销变革之道""微商闪电式百万富翁""总裁战略风暴""总裁逆袭，成效为王"等。

2. 万能销讲开场白

"万事开头难"这句话是有道理的。同样，演讲的开头也是最难的。演讲的开场白最不易把握，要想三言两语抓住听众的心并非易事。如果在演讲的开始听众对你的话就不感兴趣，注意力被分散了，那后面再精彩的言论也将黯然失色。因此只有匠心独运的开场白，以其新颖、奇趣的特点，给听众留下深刻印象，才能立即控制现场的气氛，在瞬间集中听众注意力，从而为接下来的演讲内容顺利地搭梯架桥。

一段精彩的开场白有三种作用：一是吸引听众的注意力，激发听众的好奇心；二是概述演讲的主要内容；三是向听众阐明演讲的必要性。下面我们来分享几种比较精彩的演讲稿开场白，让大家了解一下如何做演讲稿开场白效果最好。

第一，语出惊人。

如果你想迅速吸引你的听众，那么开场白要语出惊人。你可以描绘一个异乎寻常的场面，透露一个触目惊心的数据，或者栩栩如生地描述一个耸人听闻的案件。听众不仅会蓦然凝神，而且还会侧耳细听，更多地寻求你的讲话内容，探寻你演讲的原因。

第二，让听众回答"是"。

我每次上台演讲时，都是说"各位伙伴大家好！想要在未来更成功的举手给我看一下！"下面的人立刻举手，这样从一开始就让所有人一起参与进来了。

无论什么演讲我都是用问句来开场的，包括我们的微信群授课，而且一定是听众会肯定回答的问句。当我问出这些问句时，全场所有人几乎无法回答"否"，只能回答"是"，这样就能立刻吸引大家的注意力，达到让听众立刻参与的目的，而不会一开始就冷场。

如果你问出一个问题，结果有人回答"是"，有人回答"否"，表示你讲的话有抗拒点，那么这个问题一开始就不应该问。假如你问一个问题却没人互动，我想你就需要仔细思考一下有什么问题了。

比如以前我听过有人在台上问："在座各位，你们觉得生活不苦的请举手"，结果大部分人没反应，因为他们都没听明白。假如换成"是"的问题："在座的各位感觉生活很幸福并且想要在未来更幸福的请举手"，听众立刻就会全部举手。

有一次，我去参加某企业论坛，听到有位老总在台上问大家："想要在未来让公司成为世界五百强的请举手"，结果几乎没有人响应他。事实上那天在座的都是中小型企业的老板，想做到世界五百强的可能有一部分，但肯定还有一大部分不想，因为这目标实在太大了，就好像问一个人要不要成为世界首富一样，有人会说想，有人就会说我赚那么多钱干什么。所以演讲前，要先思考一下要问的问题，只要可能引起一小部分人抗拒的问题都不要问。

如果全场听众一开始都不配合你，那几乎也就不用讲了，干脆下台。听众不是不举手，而是台上的你问问题的方法有问题——你没有问那种只能肯定回答的问题。因为只有你讲的话是大家想要的，大家才会配合你，并立刻参与进来。

第三，故意留悬念。

悬念能激发听众的好奇心，能促使听众尽快进入演讲者的主题框架。

一位老先生在演讲开始时首先向听众提问："人先从哪里老起？"听众纷纷作答，有的说人先从脚老起，有的说人先从脑子老起，全场气氛十分活跃。老先生最后自我作答："我看有的人先从屁股老起。"全场哄堂大笑，老先生解释道，"某些干部不深入实际，整天泡在'会海'里，坐而论道，那屁股可遭罪了，又要负担上身的重压，又要与板凳摩擦，够劳累的了，如此一来，岂不是屁股先老吗？"这位老先生在抨击官僚主义之前，先利用一个提问制造了第一个悬念，调动了全场听众的兴趣，然后利用一个出乎听众意料之外的回答制造了第二个悬念，使听众在笑声中等待解开悬念，从而有效地调动了听众的情绪。

实物悬念是悬念式开场白的特殊形式。一位日本教授在给大学生作演讲前，面对台下叽叽喳喳、谈论不休的大学生们，他没有急于宣布他的演讲主题，而是从口袋里摸出一块黑乎乎的石头，说："在日本，只有我才有这块石头"。当同学们都伸长脖子想看个究竟的时候，这位教授才说明，这块石头是他从南极探险带回来的，并开始了他的南极探险演讲。

运用悬念式开场白要注意两点：一是不要把人人都知道的常识性问题硬转换成悬念；二是不要过分吊听众的"胃口"。这都可能激起听众对演讲者的反感。

第四，故事引入。

故事式开场白是以一个与演讲主题有密切关系的故事或事件作为演讲的

开头。这个故事或事件要有人物、有细节。如四川周光宁《救救孩子》的演讲开场白：

> 《新民晚报》曾经披露了这样一个事实：一个四年级的小学生，每天要带父母亲手剥光了壳的鸡蛋到学校吃。有一次，父母忘了给鸡蛋剥壳，差点憋坏了孩子，他对着鸡蛋左瞅右看，不知如何下口。结果只好原蛋带回。父母问他怎么不吃蛋，回答很简单："没有缝，我怎么吃？"

这位演讲者以小学生不会剥鸡蛋这样的新闻报道作开场白，把听众带入他的演讲主题：全社会要重视培养孩子独立生活的能力和战胜困难的勇气。

故事式开场白容易吸引听众的注意力，对语言技巧的要求也比较简单，故初学演讲者特别适合选用故事式开场白。

故事式的开场白要避免复杂的情节和冗长的语言。

第五，引经据典。

演讲开场白也可以直接引用名人的话语，为展开自己的演讲主题作必要的铺垫和烘托。例如，演讲题目为《让生命在追求中闪光》的开场白是——美国黑人教育家本杰明·梅斯有句耐人寻味的名言："生活的悲剧不在于没有达到目标，而在于没有想要达到的目标。"这句话是极有道理的。

作为开场白的被引用材料，一般要具备两个基本条件：一是被引用的材料具有相当强的概括力、说服力和感染力；二是被引用的材料出自权威、名人或听众十分熟悉的人物，演讲者能利用权威效应或亲友效应唤起听众的注意。

第六，开宗明义。

用精练的语言交代演讲意图或主题，然后在主体部分展开论证和阐述。这种开场白方式可称为开宗明义式。

开宗明义式开场白要求演讲者具有较好的概括能力。著名羽毛球运动员韩健在他载誉归来的汇报演讲中就采用了开宗明义式开场白：

尊敬的领导，亲爱的同志们：

我从 17 岁开始从事羽毛球运动，至今已经 14 年了。在这 14 年里，我有过成功的经验，也有过失败的教训；有过当世界冠军的喜悦，也有过败北的痛苦。今天，我不想炫耀自己如何"过五关斩六将"，而只打算认真地谈一谈"走麦城"。

3. 万能演说五步方程式

演说五步方程式是微商销讲的五个步骤和逻辑，就是从开场白之后开始，你的微商销讲要达到什么目的，要听众从对你一无所知，慢慢地变成有兴趣了解，且欲望不断增强，最后是你想要他采取的行动，这些必须按照一个流程来进行。

（1）抓住注意力。

就是当听众第一次接触你时，他的注意力可能在其他地方。例如他到你的群里时，你正在讲课，但是他可能并不是冲着你去的，可能是因为群的名字是某某品牌商机群，他来观望一下。所以你怎么能够引起他的注意，这是第一点，也是非常重要的一点。

微商销讲的三个形式：语音、文字和图片，其中文字和图片尤为重要，你必须通过犀利的文字和精致的图片来抓住听众的注意力，这就是为什么微商宣传图片需要做到极致的原因之一，也是抓住听众注意力的第一个诱饵。另外，现场的互动也非常重要，这个是抓住听众注意力的第二个诱饵。我们可以采用 AB 吸引法，也就是通常说的"水军"。很多时候，我们微商授课搞得不好的主要原因就是这个地方做得不到位，导致听众进群后就忘了听，搁一边就去干别的事情了。

总结一下，抓住听众注意力的两个诱饵：一是犀利的文字和精致的图片；二是现场的听众互动。

（2）激发兴趣。

一旦抓住了听众的注意力，紧接着你就要全力激发听众的兴趣。要让听众感兴趣，让听众觉得你说得很好，那么你一定要说听众想要的东西，比如产品的独特卖点、模式的独一无二、团队的状态实力，这些都是听众想要的。因为这三点满足了听众能够赚钱的梦想，听众就愿意听。所以，第二步要百分之百地站在对方的角度考虑。

接下来，你需要立刻梳理你自己的产品、模式和团队，并且讲出来。

（3）建立信任。

即使你在第二步时激发了听众的兴趣，但听众此时不认识你，对你不信任，所以到第三步就是要建立信任。这时候讲关于你自己的，但听众是从他的角度来听的。所以你不要去说："哦！那我来告诉你关于我小时候的故事。"没有用的，因为和听众想要的不一样，就等于没说。你要让听众觉得，嗯！他跟我一样，他以前也没有，也想要我现在想要的东西，他也挣扎了很久，后来他终于找到了他想要的东西。你要让听众知道你跟他走过的路是一样的，你能够给他他想要的东西。实际上是通过这种熟悉性、相似性让听众觉得你们是一样的。

戴尔·卡耐基在他的书中曾经这样说："我们喜欢和我们一样的人。"很简单，这是人的一种天性。如果你穿一身黑色的西服走进一个房间，里面有500个人，只有一位穿一身黑色的西服，其余都是穿一身白色的西服，你会立即喜欢那位穿黑色西服的人，这是很自然的事情；假如你是男的，你走进一个房间，里面的500个人，只有一位男性，那么你有非常大的可能性会走近那个男性；如果大部分人都说英文，即使你也能说英文，但你很有可能会走向说中文的人身边。这就是因为我们喜欢与我们相似的人。林肯也说过，在你改变任何人的主意之前，首先你需要说服他你是他的朋友。如果他不觉得你是他的朋友，你说服他的难度很大。

信任有一个同价三角金字塔（见图5），就是说我们信任跟我们一样的人，我们信任跟我们相似的人，这是人的本性。但是如果这个人不仅与我相似、与我一样，同时还是一个专家的话，我们会更信任他。所以，首先你要说服他，让他觉得你与他是一样的，你跟他的经历是一样的，痛苦是一样的，挣扎是一样的，你也需要寻找和他同样的答案。

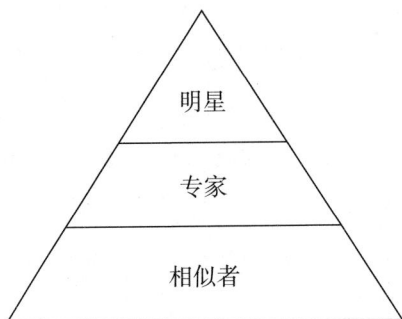

```
          明星
         专家
       相似者
```

图5 同价三角金字塔

首先，说服你和他是一样的，但你是专家。为什么你是专家？因为你研究过很多，调查过很多，失败过很多次，所以你是专家。因此不管你做的是什么品牌的微商，首先你要跟他一样，要理解他的需求，然后再塑造你是专家的形象。

其次，是明星。明星都有很大的吸引力，能够增加人的信任感。这就是为什么这么多微商品牌愿意花大价钱去找明星代言自己的产品。

我要告诉大家的是，如果你照金字塔上的这三种形象进行自我包装，你就更容易获得对方的信任。要先让他相信你跟他是一样的，然后让他相信你是专家。当然如果你能在他心目中塑造成一个明星的形象，那就更好了。这其实就是信任，信任是销售的重中之重。整个营销任务就是从这个相似者开始，不断提高我们在潜在用户心目中的地位。从一个普通人、相似者提高至专家的高度，然后再上升到明星的地位，这时你又与用户保持类似，微课堂成交将是非常简单的事情。

微商销讲的第三步，即从相似者到明星，通过生活化的语言，来讲解你的故事，要有一个不断提升的过程。并不是所有人都会是或已经是明星，但是我们可以让别人认为我们就是明星。比如我给自己命名为"微商指环王"，过了较长一段时间后，大家就真的认为我是"微商指环王"了，然后大家都这样称呼我。

建立信任有很多方法，正如图 5 所示的金字塔，你越向塔尖移动，你的信任度就越高。这就是前面我们讲的要打造自明星的原因。本书告诉你的招商方法绝对不仅是简单的开口说话成交，而是一套完整的系统流程；我教你打造的不仅是专家，还是明星级的专家。为什么这么说呢？因为自媒体时代"人人都是大咖"。但是不管你要做哪个领域的大咖，首先你要让自己是一个专家，并通过一定的方式让别人知道你是个专家。

在微商销讲主题内容的第三步中，你需要给自己一个描述，以方便别人来描述你。如果你给了自己一个非常好的描述或是你想要的描述，随着时间的推移，别人会认为你就是这样的，是这方面的专家。这听起来不可思议，但事实如此。所以，建立信任的关键在于你需要让别人注意到你。这个非常重要，首先你得认为自己是专家，而且也确实是专家，关键是在哪个领域、哪个方面是专家。

（4）刺激欲望。

得到大家的信任之后，接下来要做的就是刺激别人的欲望。例如，在一个大厅里面有 500 人，我穿了一件跟大家都不一样的衣服，于是大家注意到我了。接着我开始说话，大家听了我的讲话，都挺感兴趣。之后我开始讲"我的故事"。这个故事其实就是听众故事的翻版。让听众听了有似曾相识的感觉。重要的是，他们听了这个故事后有收获，即有种当时他没有找到答案，在听了你所讲的故事后，他得到了答案，而这个答案，恰是你告诉他的感觉。这个时候听众就会觉得你是一个专家、是一个明星，会给予你充分的信任。

当大家信任了你之后，你要转身，告诉他们你能给他们想要的东西。你要告诉他们，他们究竟要得到什么，并列出他们能得到的最有吸引力的一、二、三、四点具体的价值。当你把这个价值塑造得很好的时候，他会觉得，嗯！这个东西太好了，我想要。这时候你就是这些人心目中的专家、明星。如果在微群中你的市场、目标对的话，如果你确实切中了听众的要害，那么他们就会慢慢地想要你能够给他们的这个东西了。所以，这个时候随着你不断地塑造价值，听众想要的欲望也就会越来越强烈。

刺激欲望是通过"抛炸弹"这种方式完成的，如果你释放这些"炸弹"，每一个都会爆开人的欲望。需要注意的是每一场演讲中的"炸弹"要贯穿整个内容，一般来说，当听众听了你抛出的15个"炸弹"以后，他就已经想要了。欲望强烈的人会认为这太棒了。所以，每个"炸弹"都必须是直接命中听众最渴望得到的东西，一个一个地刺激，然后听众会发出"我想要，我想要，我想要……"的声音。15个关键"炸弹"抛出之后，听众就会迫不及待地说："我一定要！"

在我们设计微商销讲的"炸弹"模型时，它必须包含两种"火药"：一是它能直接击中听众最大的欲望、最渴望和最想要的东西；二是它告诉听众想要的东西是什么，能得到什么结果，而不会告诉听众怎么才能得到、怎么去做。

例如，我经常在微信群讲课时说："各位亲爱的伙伴，还有谁想知道我是怎样在两年之内从一个技术宅男变成一个备受欢迎的微营销导师，让那些在传统行业痛苦挣扎的老板们心甘情愿地献出我想要的一切。"高薪……股权……这些东西你想要，但是你不知道怎么得到，巧妙的地方就在这里。你描述的一种结果是他想要的，但是如何得到，他不知道。所以，将欲望和好奇巧妙地结合起来就能很好地刺激听众。

　　好了！各位伙伴们，如果你掌握了一种不可思议的句子改编技术，能让你随心所欲地"吐出"最经典、最煽动人心的微商演讲，那么，将这一技术和模仿技术联合使用，你将所向披靡！

你看，通过上面的例子，你不知道怎么做，不知道是什么技术，但是你就是想要这个结果。所以秘诀在于你描绘出听众想要的结果，但是并没有告诉听众怎么得到它，因为这是你的产品将要给他的，所以，这是非常巧妙的营销方式。

微商销讲的"炸弹"是刺激人的欲望的有效工具。"炸弹"的先后顺序是根据对方欲望的强弱而定的。首先要聚焦在他最强烈的欲望上，然后由强到弱依次排列，但排在最后几个的欲望也需要再强烈一些。这就是微商销讲当中刺激欲望最重要的原因。

（5）催促对方采取行动。

很显然，最后一步你要通过演讲催促对方采取行动。因为你演讲的一切目的就是要让对方采取行动。如果没有行动，你的演讲就没有意义了。所以催促对方行动的这一步是非常重要的。

你的演讲稿要按照这种逻辑关系进行，第一步是快速吸引对方的注意力，第二步是激发对方的兴趣，第三步是建立对方对你的信任，第四步是刺激对方的欲望，第五步是催促对方采取行动。

其实仔细想想，这和写小说是一样的。如果是一部好的小说，第一段它就必须抓住你的注意力，然后慢慢地激发你的兴趣，通过故事给你更多的情节，让你对人物的命运、冲突开始产生更多的兴趣。下一步作者会让你爱上这个人物，让你觉得他应该得到他想要得到的东西，于是你对主人公就产生了信任。然后开始对主人公进行描写。一部好的小说通常至少会有三个冲突，每一次冲突都会把主人公推向一个更困难的局面，然后遇到更加不可思议的挑战。你希望他能够经得起考验，你希望他胜利，但是实际上非常难。接着面临第二个挑战，这次他终于成功了，但是这次的成功却把他抛进了更深的一个深渊，他将面临一个更大的抉择。经过作者的铺垫，你更想知道最后的结局是什么，然后到了你的欲望最强烈的时候，就是他最后的结局。

微商销讲与小说的区别在于，演讲时希望在你最兴奋的时候让你采取行动。所以演讲的结尾部分最好从三个方面进行：一是总结价值，用简练的语言总结一下你能给听众带来的巨大价值；二是稀缺性和紧迫感；三是强调行动，再次重复强调听众需要马上采取的具体行动。

"2分钟100万元"的赚钱模板

群里的各位伙伴们大家晚上好！你有自己的财务目标吗？比如，赚取你人生的第一个100万元、1000万元、1亿元，甚至是10亿元？与你迥然不同，自从我用一年时间赚得了人生的第一个100万元之后，我的目标就是用最短的时间赚取100万元。

感谢互联网，尤其是移动互联网的诞生，特别是微信，它们使过去几年我的纪录不断刷新。先是通过YY直播，我两个月赚取了100万元；后来又通过微信社群，2分钟做到了赚取100万元的业绩！我是谁？为什么我如此着迷于用最短的时间赚100万元？

首先，我的名字叫×××，作为中国营销界的"营销教父"，我的课程从不按常理出牌，每每变幻莫测，犹如魔术。那么，为什么我要追求用最短的时间赚100万元呢？原因很简单——我们群里的朋友都想赚钱，因为大家都渴望财务自由，但大家对财务自由的理解和定义是错误的。大家以为赚最多的钱就能获得财务自由，其实赚最多的钱不仅会成为负担，更会因为太忙让你忽略了自己的身体、自己的家人，甚至自己的梦想。

对我来说，随时随地能够赚钱才是真正的财务自由。设想一下，如果你能用最短的时间赚100万元，并且每次想赚的时候都能赚到，无论你是躺在三亚的海滩上晒太阳，还是坐在普罗旺斯的城堡里赏薰衣草都可以赚到，那该是何等的自由和畅快啊！

也许，你想知道，我卖的究竟是什么产品？

事实上，这和我卖什么产品没有任何关系，因为营销的秘诀不在产品上，而在一种神奇的工具，我将其称为"微商销讲"。

正如你刚刚听到的一样，通过巧妙的设计，你的潜在用户不仅喜欢听、乐意听，而且一旦进入就会着迷。更不可思议的是，他们会在听课的过程中，不知不觉地渴望拥有你的产品，并在心理上产生立刻购买的冲动。

微商销讲可以让任何人购买你的产品。你有自己的产品需要销售吗？如果有，你可以组织一个群，撰写一份演讲稿，通过演讲轻而易举地卖掉所有的产品。如果你还没有自己的产品，不用担心，使用我将要教给你的策略和秘诀，你依然能够随时随地赚到你想要的 100 万元，甚至更多。

请各位朋友回复以下问题：第一，如果你是一位微商从业者，渴望更多的潜在用户吗？第二，如果你是一位全职太太，渴望一种简单轻松的赚钱方法吗？第三，如果你是一位老板，渴望安全快速地做大你的品牌吗？第四，如果你是一位创业者，渴望吸引大量用户并收到现金吗？第五，如果你是一位自由人，渴望轻松赚钱、潇洒生活吗？

对于上述问题的回答，如果有一项是"是"，你就应该学习微商销讲。那怎么学习呢？我有好消息，也有坏消息。

先说坏消息。几个月前，我开设了一个微信群课程，500 位来自全国各地的微商从业者以及品牌创始人每人支付 1000 元参加了我连续三天、每天 90 分钟的语音分享。

结果如何呢？很高兴大家问到这个问题，让我为你简要描述一下：一是超过 30% 的学员在开课后就赚回了学费，最高的赚回了学费的 26 倍；二是 95% 的学员认为这是他们参加过的最好的培训课程，思维最颠覆，策略最震撼，结果最快速，体验最丰富，影响最持久。

如此令人脑洞大开的课程，为什么说是坏消息呢？因为你已经错过了！那么，好消息是什么呢？

12 月我将开设第二期课程。连续 3 天，我将亲自为你揭秘微商销讲的核心秘诀，包括但不限于：第一，微商销讲的基本常识；第二，怎样在用户听到你的课程后就牢牢锁住他的注意力；第三，怎样布局你的演讲稿才能让用户情不自禁地购买你的产品；第四，怎样在用户大脑中制造"哇"的感觉；第五，用户购买产品的真正动机是什么；第六，催促订单的正确方法以及错误的代价；第七，所有营销人都必须知道的成交秘诀……

报名的方法也很简单，通过微信转账，立即将 1000 元学费转给群里的客服微信。收到转账后，客服将确保在第一时间拉你进入第二期课程。

最后，特别提醒一下各位，微商销讲是你获取自由富足人生的最佳工具，而我被公认为中国微商销讲的鼻祖，因此，第二期的课程很可能是你从我口中获取赚钱秘诀的唯一机会，请你务必把握，立即行动。想身临其境地体验一下第一期微信群的互动氛围吗？下面是部分群内互动的手机截图，从中你不难看出学员们的收获，以及他们收获之后的兴奋与喜悦。

（手机截图，用户见证）

截图较多，请你慢慢享受。但切记，你需要尽快转账，因为你的行动速度很大程度上将决定你的收获，包括你赚回学费的倍数……

4.演说结尾：收人、收钱、收心

美国作家约翰·沃尔夫说："最好的演讲要在听众兴趣盎然时戛然而止。"就是说演讲要在听众整体达到高潮时止住，也表明结尾要把演讲推向高潮。最好的结尾或者出人意料，或者耐人寻味，都要能给听众带来享受和满足。在这里，我为大家总结了一些常用的比较成功的演说结尾方法。

第一，故事结尾。

讲一个发人深省的故事，往往能起到很好的效果。比如我在作公开课演讲结束时，往往会讲这样一个故事。

亲爱的朋友们，跟大家分享完这么多方法技巧后，我的演讲就要结束了。在结束之前，我想再跟大家分享一个小小的故事：

在一个村庄里，有一位老者非常有智慧，村里人有什么不懂的都会去请教他，他都能给出正确的答案。有一个小男孩非常淘气，有一天他爬上树，在鸟窝里抓了一只小鸟，握在手里，跑去找村里的老者。见到老者后，小男孩把握着小鸟的手放在背后，说："老爷爷，听说你是我们村最有智慧的人，什么事都知道，所以今天我想问你一件事，你觉得现在在我手里的这只小鸟是死的还是活的？"老者听完后，马上就知道小男孩的把戏了，如果老者回答小鸟是死的，小男孩就把手放开，小鸟是活动的；如果老者说小鸟是活的，小男孩用力一捏，小鸟就死掉了。于是老者对小男孩说："孩子，其实答案并不在我手里，而在你自己手里。"

其实，我今天讲了那么多演讲的方法和技巧，在最后的时间里，我也想对大家说，提升演讲口才的方法其实不在我的手里，而在大家的手里！

谢谢大家，我的演讲结束了，谢谢！

在演讲的最后，讲述一个发人深省的故事与主题相呼应，常常能起到很好的效果。故事带给人的印象常常比简单的叙述更深刻。

第二，名人名言结尾。

用哲理名言、警句作结尾。这种结尾方式不仅可以使语言表达得更精练、生动，富有节奏和韵律，而且还可以使演讲的内容丰富充实，具有启发性和感染力，同时还可以给人一种生动活泼、别开生面之感。如演讲稿《谈毅力》的结尾：

毅力是攀登智慧高峰的手杖，毅力是漂越苦海的舟楫，毅力是理想的春雨催出的鲜花。朋友，或许你正在为了成功而努力，那么，运用你的毅力吧！它可以推动你不断地前进，可以扶持你度过一切苦难。记住：顽强的毅力可以征服世界上任何一座高峰！（狄更斯语）

用名言式结尾，能给演讲者的思想提供有力的证明，增加演讲的可信度，具有较强的说服力和鼓舞作用。

第三，诗词结尾。

我曾经参加过一场年会，至今对其中一位嘉宾的演讲印象非常深刻，她演讲的内容我已记不清楚了，但她的演讲结尾却深深地印在了我的脑海之中。她用了一首诗来结尾，背诵这短短4句诗时非常铿锵有力！她是这样说的：

"在演讲的最后，我送大家一首诗：白日依山尽，黄河入海流。欲穷千里目，更上一层楼！"

当时现场掌声如潮，整个演讲会场气氛达到了高潮。所以有时候适当地用一些诗词来作为自己演讲的结尾，也是一种很好的方法。

第四，幽默结尾。

除了某些较为庄重的演讲场合外，利用幽默的话语或动作结束演讲可以为演讲添加欢声笑语，使演讲更富有趣味性，引人在笑声中深思。美国诗人、文艺评论家詹姆斯·罗威尔1883年担任驻英大使时，在伦敦举行的一次晚宴上发表了一篇名为《餐后演讲》的即席演说。在最后他说了这样一段话。

"我在很小的时候听人讲过一个故事，讲的是美国一个卫理公会的牧师。他在一次野营布道会上，讲了约书亚的故事。他是这样开头的：'信徒们，太阳的运行方式有三种，第一种是向前或者说是径直的运动；第二种是后退或者说是向后的运动；第三种即在我们的经文中提到的静止不动。'（笑声）先生们，不知你们是否明白这个故事的寓意，希望你们明白了今晚的餐后演讲者首先是走径直的方向（起身离座，作示范）即太阳向前的运动。然后他又返回，开始重复自己即太阳向后的运动。最后，凭着良好的方向感，将自己带到终点。这就是我们刚才说过的太阳静止的运动。"（在欢笑声中，罗威尔重又入座）

这种紧扣话题的传神动作表演，幽默感十足，怎能不赢得现场听众的热烈掌声和欢笑声？

演讲的幽默式结尾方法是不胜枚举的。关键是演讲者要具有幽默感，并能在演讲中恰如其分地把握演讲的气氛和听众的心态，才能使演讲结束语收到"余音绕梁，三日不绝"的效果。同时，演讲者利用幽默的方式结束演讲时，要做到自然、真实，使幽默的动作和语言符合演讲的内容和自己的个性，绝不能矫揉造作、装腔作势，这样只会引起听者的反感。

第五，表达希望或呼吁的结尾。

用表达希望或呼吁的方式结尾。这种结尾是演讲者以慷慨激昂、扣人心弦的语言，对听众的情感进行呼唤，或提出希望，或发出呼吁，或展示未来，以激起听众感情的波涛，使听众产生一种蓬勃向上的力量。如演讲稿《一位纪委书记的"小家"和"大家"》的结尾就是用提希望的方式：

> 同志们，朋友们，我们正处在一个伟大变革的黄金时代，经济的发展，国家的富强，民族的振兴，需要全体人民的艰苦奋斗，特别是共产党人的模范带头作用。如果每个共产党员都能正确处理好"小家"和"大家"的关系，严格地按党性原则要求自己，用党的纪律约束自己，用党旗下那神圣的誓言激励自己，那么我们党的形象将会更加光彩照人，我们党将会更加坚强伟大！

这种结尾方式是演讲者用深刻的认识和独到的见解向听众提希望、发呼吁，能使听众精神为之一振，具有"动人情，促人行"的作用。

第六，祝贺结尾。

诚挚的祝贺和赞颂本身就充满了情感的力量，最容易拨动听众的感情之弦，产生和谐的共鸣。所以，用祝贺或赞颂的言辞结尾，能制造欢乐愉快、热情洋溢的气氛，使人在愉快中增加自豪感和荣誉感，激励人们满怀信心地去创造未来。如很多微商品牌拜年词的结尾：

> 最后，在春节即将到来之际，我借此机会向全市的父老兄弟、姐妹们拜个早年。祝老年人春节愉快、身体健康、寿比南山！祝中年人春

节快乐、家庭幸福、事业成功！祝年轻人春节欢乐、爱情甜蜜、前程无量！祝大家年年幸福年年富，岁岁平安岁岁欢！谢谢大家！

人一般都喜欢听赞颂的话，因此，相互之间的赞颂成了人们交往的最好手段。通过这些赞颂的话，能使会场活跃的气氛达到一个新高潮，讲者和听者的关系变得更融洽。这样，讲者便给听者留下了一个好的印象。但要注意演讲者在说这些赞颂的话时，不要过分夸张，否则听者就会认为你有哗众取宠之嫌。

第七，对联结尾。

对联，一般都是对仗的句子，而且读起来朗朗上口，对联是我国传统文化的结晶，可以体现个人的魅力和文化修养。其实在对联的使用中我们不一定都要新写一副对联，况且在即兴演讲的时候也没有那么多的时间来让我们准备。下面我就介绍给大家一种通用的对联方式。比如演讲结束前，我这样说：

> 最后，我以一副对联来结束今天的演讲，上联是，心态好，事业成，不成也成；下联是，心态坏，事业败，不败也败；横批是，心态决定成败。

顿时，台下响起了热烈的掌声。

我在另一场关于口才重要性的演讲上也送给听众一副对联，

> 上联是，口才好，事业成，不成也成；下联是，口才坏，事业败，不败也败；横批是，口才决定成败。

效果也非常好。

事实上这个对联在很多演讲场合都可以套用，不论你讲习惯，还是讲管理，或是讲营销，许多类似的主题都适用。这样的对联套用将会使你的演讲锦上添花、虎头豹尾，令人回味无穷。

第四章

成交：无法拒绝的成交按钮

传统微商已死，缓期三年执行

如果我们和传统企业的人交流，你会发现，大部分人都受传统营销思维的影响。他们追求的是美誉度和影响力，而不是效果。

从本章开始，我们必须认识到对于中小微商品牌而言，必须要让广告费和销售人员工资一样——今天我花了 5 万元广告费，和我支付了 5 万元的销售人员的工资是一样的。如果这 5 万元销售人员的工资发出去了，他三个月没有创造任何效益，那么你一定会把他炒掉，对于广告也一样。你雇用一个销售人员，一定会给他一个试用期，那么你做一个广告为什么没有测试呢？因此，你需要你的广告带给你结果，需要你的广告对你的销售、营销负责，这是非常重要的。

我的每个行动都包含两个方面，即我会给予对方什么，我能要求对方做什么，这是非常明确的。我可以评判这个动作的效率是高是低，有没有效果。没有效果的我就不会再花钱，有效果的我就去放大，这是一个非常重要的理念。

下面我们来看一看说"传统营销已死，缓期三年执行"这句话的原因。

原因一：所有的传统微商的朋友圈其实只做形象广告，从来没有提供一个具体的成交主张，并要求用户采取一个明确的可以衡量的动作。

原因二：传统微商的营销模型只重视第一次成交，从来没有意识到最大的利润源于后端，也就是用户的终身价值。

原因三：传统微商只追求销售，从来没有认识到教育用户是提高用户对产品价值的感知，并最终提高销售额的重要手段。

原因四：传统微商大多数都是暴力刷屏，没有梳理过营销思路，真正的营销是一个不断进步、不断改进的过程。

原因五：传统微商只管闭门造车，从来没有考虑过如何在产品营销策略方面，借助行业内甚至行业外的企业和个人的力量。

原因六：传统微商从来没有用生动和具有感召力的语言描绘自己的"零风险承诺"，并将其转化为有力的竞争武器。

原因七：传统微商从来没有用清晰和令人振奋的语言为用户描绘出使用产品和服务后所能实现的蓝图和梦想。

原因八：传统微商从来没有为产品刻意打造一个明确具体且充满吸引力的独特卖点。

原因九：传统微商从来没有认识到所有的广告和沟通只需聚焦在目标用户和他们的利益上，而无须顾及其他人。

原因十：传统微商从来没有认识到过去PC互联网时代成功的营销方法、手段和策略可以重复使用。

从以上的十大关键原因不难看出，传统微商在近两年的时间内所出现的问题需要立刻应对和解决，只有真正解决了这些问题，微商的瓶颈才能够突破，实现下一轮红利。

互联网营销就是人性营销

我们生活中的每个积累，就像大脑中的一个点，人的大脑里有很多的点，营销创意就是把这些点连接起来。这些点可能是你今天读的一本书，明天见的一个人，后天去的一个地方。这些事物之间没有关联，是相互独立的，但是，通过某个逻辑或者机制，这些点突然在一瞬间联系在了一起，就产生了创意。为什么会有突然想到的感觉？就是因为这些点连接在了一起。自己生活中本来已经有很多经历，但是从来没有这么连接过。我们平时在生活中会有突然顿悟的感觉，就是把以前认为没有用的东西突然以一种新的角度、新的方式联系起来了。

然而很多人不具备这种营销思维。为什么很多人会说互联网营销非常难，原因就在于一个人思维的惯性是很大的，迈出第一步的时候总是非常困难的。所以，营销很多时候是怎么能够让用户很轻松地迈出第一步，因为迈出第一步后，再迈第二步就很容易了。

你让别人把钱从口袋里掏出来的动作是最难的。一旦他掏出来了，他再掏出 10 元钱或是掏出 20 元钱，就容易得多了。所以，做好第一步非常关键。

如何才能成为一个营销高手？关键在于你要学会观察和把控人性。人性是相似的，但是表现的方式是各种各样的，就像你学建筑一样，运用到的力学原理可能并不多，但力学原理表现的形态太多了。人性也是这样，人性是一样的，但表达的方式不一样。上面我们刚刚讲到要让用户迈出第一步，如何迈？

假如你让用户现在坐火车去上海，你直接对用户说，你去火车站坐火车去上海吧，可能很多人都不会去。但是如果你对用户说，我帮你买好了去上海的火车票，明天上午 10 点整出发，你去吧，可能有很多人会去。更进一步，如果你对用户说，明天我陪你去火车站，那么去的人可能就会更多一些。你说我不仅陪你去火车站，我还陪你一起上火车，然后走了一站之后你下车了，那绝大部分的人都会去。

可见，人性的运用就是你怎么能够帮助你的用户向着他能够受益的方向前进，迈出他的第一步。不要指望他自己琢磨清楚怎么走第一步。很多人是不知道第一步怎么走的，所以你需要帮助他前进，不管你做任何产品，都可以运用这种方法。

比如你招化妆品代理，第一次如果他不买，有很多原因，不一定是价格问题，也许是不知道怎么使用，或者是其他的原因。如果派人来辅导他，他就会进货，一直派人辅导他三次，那么他接着走下去的可能性就更大了。由此可见，所有的营销都是建立在人性的基础之上的。

从现在开始，你应该意识到做任何生意营销都是非常重要的，没有营销根本就没有企业。伟大的管理学大师彼得·德鲁克说过，其实企业只有营销和创新是利润，其他都是成本。如果你没有营销，没有创新，就没有用户。如果没有用户，其他的都没有，只有有用户才有价值。所以从现在开始，大家对本书一定要深入了解，另外要注意观察自己，不断改进自己。

从微商的角度，我们需要不断地研究新的东西，可能你已经拥有一些赚钱的营销方法，但同时你还必须有一些备用营销招数。经过我这两年的测试，每个企业都应该至少留出一部分资金用来试验一些新的营销方法和新的营销概念等。比如每个月测试一些新的营销概念，也许是你认为很疯狂的概念，在小范围内进行试验，但是你不知道结果怎样，万一突破了呢？那就不得了了。可能你就测试了 10 个营销概念，但其中只要有 1 个成功，你就非常了不起了，下一步只要放大就行了，只是你不要投入太多的钱，你得把握好投入资金的比例。

不为人知的成交密码

1. 成交核弹头的设计

在微商的销售过程中，永远不要销售产品，而是要销售你的"核弹头"。你的"核弹头"有没有吸引力，对方是否接受，是你成功与否的关键。永远不要单卖一个产品，而是要围绕产品形成一个无法拒绝的"核弹头"。

如果我们仔细观察，会发现不管是在报纸、电视上，还是网页或其他的传单上的广告，在做营销时，都需要回答三个问题，也就是你围绕产品形成的"核弹头"。

一是给什么。对用户而言，你的营销能给我什么？二是做什么。即你的广告、传单说了给我什么，但是我要做什么才能得到你给我的这个东西呢？

三是为什么要马上做。为什么我现在必须跟你联络？为什么我现在必须打电话给你？为什么现在必须在你手上拿货？为什么现在必须报名……

任何时候你的宣传、广告和营销，如果没有回答这三个问题，意味着你没有形成"核弹头"，你的营销不会成功。如同电话营销，一个很简单的电话，你要说清楚你要给对方什么，你要对方做什么。

下面给大家举一个例子：

你的生日就要来了，你准备在下周四举办一个生日聚会，于是你准备在深圳最好的旋转餐厅订位子，届时会有很多明星到来。但那里最多只能容纳200人，估计会有500人要参加。现在你要马上打电话预订。给什么？即旋转餐厅与明星一起的晚会。做什么？即打电话预订。为什么要现在做？因为有很多人想来，但餐厅只能容纳200人。

再给大家举个例子：

在活动过程中要送清洗机。我们有一种全新的清洗机，想免费赠送给你做一个测试。因为是测试，所以我们只能限量赠送，于是打算送给100个用户为止。你只要打电话告诉我们你公司的名称、地理位置，我们就会给你寄过去。给什么？给清洗机。做什么？打电话。为什么马上做？因为只送给100个人，先到先得，晚了就没有了。

任何时候，你跟用户的沟通必须是这个模式。这非常重要，只要按照这个模式进行，你就能达到营销目的。你所有的营销都必须回答这三个问题。但事实是现在很多广告可能都没有回答这三个问题，它们从来不说清楚给别人什么东西，价值在哪里，为什么很有价值。这导致广告的效果很差。

还有很重要的一点就是"他需要做什么？"有很多人把电话号码一写，就指望别人去给他打电话。我做过很多试验，你要求别人做什么越具体越好，而那种仅写下电话，指望别人给你打电话的方式是不可取的，因为别人通常都不会打。我做过测试，如果我说"请马上拨打电话预订你的位置"，那么打电话的概率就会很高。然后我再做的测试是"请马上拨打电话，告诉接电话的人你想预订什么培训的名额，并说明为什么"，这样打电话的概率更高。你不仅要告诉他马上拨打电话，还要告诉他拿起电话怎么说。因为事实上，有相当多的人拿起电话打通了不知道怎么说。正是因为这个原因，他就不去打这个电话，所以你让他的动作越容易、越具体越好。"请马上拨打这个电话"，这在他头脑里是一个很具体的动作，他无意识地就去做了；如果你把电话往那儿一放，指望他去打，那么成功率就会很低。

现在我要谈的是"给什么"。也就是你的"核弹头"是什么。请记住，任何时候，人性就是交换。你给我什么，我给你什么。做什么和为什么要马上做是你让别人做的事情，"给什么"是你要给予别人的东西，不管你是给别人一个免费的东西，还是让别人做一个简单的点击动作；也不管你是让别人拨打一个简单的电话，还是让别人给你 1000 元、2000 元，你都需要把"给什么"说清楚。"给什么"永远不是产品，而是你的"核弹头"，你的"核弹头"在什么样的情况下有什么样的价值和威力，你给我什么样的价值，在什么样的情况下给我这个价值。这个非常重要，所以你的营销要花很多精力去琢磨"给什么"的问题。

我们经常在微信群里看见很多做销售的，如降价百分之多少、打几折，但这几乎没有任何价值，别人不会响应。因为这几十个字是不可能销售的，你需要把它作为一个诱饵，目的不是让别人决定是否要购买，而是让他决定要不要去获得一个他无法拒绝的东西。让他发微信或者打电话咨询你，你就有足够的空间，去说服他采取另外一个动作。他与你本来就不认识，所以你需要让他采取一个很轻松的、很小的动作，这是关键。

2. 成交核弹头的构成

我们来看看大部分人的成交，99% 的营销你都可以看到这种情况。就是你现在付 5000 元给我，你到某个地方去取产品，质量行不行我们不能保证，也不能保证退换货。如果是这样一个成交流程，显然是很难把产品销售出去的，但是你会发现很多人都是这样做的。如果你去看广告，把它所有的枝节分离出去，最终它的核心是什么？你会发现大部分微信群招商广告没有吸引力，这样的广告不会有太大的响应。所以，你不仅要记住什么是核弹头，还要明白核弹头的构成。

下面给大家讲一个"三个卖狗人"的故事：

有一个父亲想给他女儿买一条狗，在这个城市里有三个卖狗人。第一个人说："你看这狗很好，好像你女儿也挺喜欢的，1000元，你再好好看一看。如果你喜欢，付1000元就成交了。至于狗，你也看过了，你女儿现在挺喜欢的，至于以后怎么样，跟我没关系。"

第二个卖狗人说："你看这条狗非常好，是英国的纯种狗，这种颜色的结合非常好，好像你女儿也挺喜欢，1000元也合适，但是，我不确认你女儿明天是不是还会喜欢，所以你付我1000元，你回去一周后，如果你女儿不喜欢了，只要你把狗抱回来，1000元我就退给你。"

第三个卖狗人先给这只狗塑造价值，说"这条狗怎么样值钱"，同时他说："你女儿看起来挺喜欢的，但是我不知道你养没养过狗？是不是会养狗？你女儿是不是喜欢养狗？但她肯定喜欢这个狗，所以我会跟你一块儿把狗带到你家，然后在你家找一个最好的地方，搭一个狗窝，我会放足够的食物给它，并教你怎么喂这条狗，你可以喂一个星期，一个星期以后我再来。如果你女儿仍然喜欢这条狗，而这条狗也喜欢你女儿，那这时候我来收1000元；如果你说不喜欢，或者你女儿跟这条狗之间没有缘分，那我就把狗抱走，把你家打扫干净，顺便把味道全部清洗一下……"

很显然，第三个卖狗人就把这个生意做成了，因为他确实从用户的角度出发，给了一个别人无法拒绝的成交理由。大多数人只是像第一个卖狗人这样做的，就是你看好了，出门概不负责，这是很难把产品卖出去的。第三个卖狗人就有"零风险承诺"，还有超级赠品，我送你狗粮，我教你怎么照顾这条狗。为什么这些赠品有价值？因为它确实是这些目标用户需要的东西，所以才有价值，如果别人不需要，就是没有价值的。

我们应该认识到，价值是相对的，也是主观的，一个产品是否有价值看对谁而言。如果你提供的产品你自己认为有价值，但目标用户没有这方面的需求，那就是没有价值的。所以，必须是用户认为有价值，而不是你认为有价值。如果你根据我的逻辑，100% 走进用户的世界，就不难看出，处于他这种状态的用户需要什么，有什么样的困惑及什么样的挑战……如果你了解这个，对于你设计赠品，设计"零风险承诺"就相对比较简单。

3. 成交的十大玄机

请你一定要牢牢记住，成交不是偶然，而是一个流程。今天我将通过十大玄机为你揭秘一个完整的线上成交是如何做到无法拒绝的。

第一大玄机：产品或者服务。

一个完整的成交流程，必须回答你究竟要给别人什么。记住，你围绕着产品而设计成交，最终的目的是要卖掉这个产品或服务，因此产品是你成交的一个很重要的部分。所以你的成交究竟包括什么样的产品或服务，然后怎样塑造价值、强调结果，以目标用户的利益为导向，而不是以你的利益为导向，要凸显产品的功能、功效以及对细节的描述，这些会帮助你很好地塑造价值。

一个成交的设计肯定得有产品或服务，但你不能把你的产品或服务往那儿一摆就行了，你需要给产品塑造价值，需要告诉用户他所不知道的产品背景知识，以及如何更有效地享受你的产品或服务。

上例中，如果这条狗最可爱之处是到草地上去翻腾，这种感觉会让孩子兴奋，你需要告诉用户，让他和他女儿一起带着这条狗到草地里去；要知道这条狗有多么聪明，你可以教它最难的动作……你需要给出这些背景知识，用户不知道，但你知道，而当你告诉他这些知识的时候，产品的价值自然就提高了。

有一个著名的观点认为："用户认识的加深，是价值提高的基础。"如果用户对产品的认识很肤浅，那它的价值就不可能高，我之所以说"营销人首先必须是老师"，其原因就在这里。如果你不能教别人使用你的产品及享受它所带来的方便和利益，那么你的产品就得不到它应有的价值。

在这里，还需要强调的是"结果"。就是用户得到的是结果，你一定要给他非常具体的结果，你要用"结果"来塑造你的产品或服务的价值，即"他能得到什么具体的结果"。只有这样，对方才能理解你的产品的价值。

作为营销人，你面对的是这样的一群用户，他们对你的产品或服务的认识非常有限、非常肤浅，但你不同，你心中对产品或服务认识很深刻。你的认识只有在被转化为生动的语言那一刻，才能真正地被复制到别人的大脑里，为别人所接受。

假如你需要给一位在上海的朋友送一个"生死攸关"的信息，他必须在有限的时间内得到这个信息，但是你去不了上海，那么怎么找一个第三者去传达这个信息呢？假如这个信息有关于你的生命，甚至你爱的人的生命，你会不会花时间盯住他？你会不会用语言描述给他听，告诉他应该怎么说？你一定会。

营销也是一样，那个陌生的人就是你潜在的用户，那个第三者就是你的语言，所以不要轻视你的语言，要认真思考"怎么表达才能更准确地把你脑海中的色彩斑斓、丰富、宏伟的认识，复制到别人的脑海里"这非常关键。这就是塑造价值。

因为你比用户更了解产品，所以当你表达出来的时候，产品的价值才能真正地被传递和复制。如果用户觉得你了解的比他还少，那你应该退出这个生意去做别的事情，因为你没有能力去帮助用户。道理很简单，不管你卖什么东西，你都要比用户了解得更深刻、更生动、更色彩斑斓，也就是说，塑造价值是非常重要的！

我有一个好朋友，开了一个音乐培训班，在全国各地招收学员，主要是帮助国内一些优秀的艺术体育生出国。他们开始定价一年4.8万元，但是招不到人，所以他们想降价，来咨询我。我告诉他们："不能降价，你需要加价，但是你要先学会塑造价值。如果你不会塑造价值，只会越降越糟。一文不值的东西卖多少钱都没人买。"所以，你把自己定位成一个简单的商品，只是招学员来，给他们上三年的课……这些都是错的，你要知道，每一个家长在决定他们的孩子要学习哪种音乐特长的时候，心中都有一个伟大的明星梦。但是实现梦想的路是非常遥远的，学生选什么样的导师，受到什么样的指点，非常关键。这时候，你要告诉他们在你们培训班里集中了一批中国最有潜质，并且已成为明星的音乐家、艺术家，你的培训班给学生的不是时间，也不是文化课，而是领悟、感悟成名之路上的很多技巧，可以帮助他们避免一个又一个的陷阱，你能安排他们去美国、英国的音乐学院面试，能给他们搭建一个和其他明星一起同台演出的机会，这是你的能力！即能够为他们最大限度地实现自己的明星梦铺路。做好这些，才是你要塑造的价值！

当我给朋友讲完之后，朋友非常感动，他说他从来没想过自己原来可以这么伟大，实际上他已经把自己看扁了。很简单，你首先要认识到自己所创造的价值，如果你认为自己不值钱，那用户也不可能认为你值钱。

当然你先要想清楚"怎么在别人梦想的旅程中去创造价值"，在这里你尤其需要用事实、证据、案例去说服用户，把你的价值展现在他面前。

第二大玄机：独特卖点。

独特卖点是你的成交中最与众不同的一点，即别人没有的，你有。这就是用户选择你的原因。具体表现为：你有什么独特的结果或者是突出你的差异化？是更快还是更简单？是更安全还是更省力？你的产品和服务能够提供哪些更多的保障？之所以要弄明白这些问题，是因为用户需要更大的价值、更多的保障、更快的速度、更少的努力，然后得到更好的结果。

比如，很多人都作微商培训，我也作微商培训，但是我的微商课程是行业中收费较高的，可能我并不是中国最好的微商培训老师，但这不妨碍我给予学生最大的价值，因为我对价值的理解是多维的，我给予用户的不仅有微商发展的思路，更有思维的创造力。可以这么说，我教的学员不仅懂微商，更重要的是，当学员学会微商之后"能快速地通过做微商挣到钱"。所以，我虽然不是中国最好的微商培训老师，但我的培训课程是离金钱、财富和收获最近的一个。

如果你只需要最好的老师，那你可以到别的地方去，但是如果你想以最快的速度赚到钱，我是唯一的选择，这是我的独特卖点，而且我确实能带给学员这个价值。

还有一点，因为我是 IT 程序员出身，同时又是一个对设计行业有独特见解的人，并且我在视频制作领域也小有成就，最终我回归到做一线销售员，然后做营销总监，而现在登上讲台开始作演讲，以我的背景，在中国没有几个微商老师可以做到。这就是一个别人无法超越的竞争壁垒，再加上我的"零风险承诺"，这是让中国的微商培训师"闻风丧胆"的一个做法。

你想想，一个潜在用户，他可以上别人的课，也可以上我的课。我的课 2 万元，别人的课 1 万元，便宜很多。但是潜在用户说："你就教我做微商的理念，其余的软件使用、视觉营销跟你没关系。"我说："我的课程 2 万元，但是我要保证你除了微商理念以外还能够学会营销、管理、服务软件系统以及视觉营销，如果上了一天半的课，你觉得不值这个钱，你可以拿着你的钱，轻松离开。"

这时，用户做什么选择，就一目了然了。你是要上一个 1 万元但是概不退货的课程呢？还是上一个 2 万元但保证"如果得不到 10 倍的回报，可以100% 退款"的课程呢？你觉得，如果你是一个潜在用户，你会选择什么？很显然，你应该选择我。所以，打造"独特卖点"需要你用非常简单的语言来表达。这是第一点。

第二点就是必须跟用户想要得到的结果密切相关。举个例子，你和我一样也是作微商培训的，但你不能说"我是成都唯一在地下室授课的""我是唯一一个和周杰伦同台唱过歌的"……这些都没用，所以只有"独特"还不行，还要具有"相关性"。

第三点就是用简单的语言表达不出来的优点都不是优点。前面我强调了语言的重要性，你有再多的优点但是无法用语言把它表达出来，有什么用呢？用户必须通过你的语言和文字才能感受到你的优点，但你表达不出来，没有用。所以要具备"独特性、相关性、可表达性"，三者缺一不可。

第三大玄机："零风险承诺"。

"零风险承诺"有很多种，退款并不是唯一的方式。比如一个卖脐橙的，"你可以先品尝一个脐橙，如果你不喜欢，或这不是你吃过最好吃的脐橙，没关系，退回来给我，我给你退款"。你的目的只是让别人检验你说的和你产品能够给予的是一致的，所以，"零风险承诺"最关键的是你要列出用户在使用你的产品和服务时所真正面临的一些风险是什么。然后你要对这些风险进行承诺，如果用户担心的并不是价格，那么退款并不能解决他最大的风险，所以你要解决他最担心的问题，这很重要。

"零风险承诺"是一个非常强大的技术，同时它也代表着一种理念，一种哲学。因为有了"零风险承诺"，你才能向你的市场、向你的潜在用户非常自豪地宣布：我愿意为你的结果承担全部的责任。

我没有资格要你的钱，除非我确定能给你创造10倍的价值，当你交钱给我的时候，并不代表你对我价值的认可，而是你愿意给我一个机会，让我一步一步地展示给你看。我所说的一切我都能做到，如果我言行不一，或者你对我有任何疑问，你都有权利要回你付给我的每一分钱。这个承诺是非常有威力的，这是你的姿态，也是你的哲学。

所以，当你提供"零风险承诺"的时候，你永远不能靠"吃老本"混饭，必须不断地创新，才能不断地满足用户的欲望，把用户的梦想推向一个新的台阶，让用户的满意度不断提高。正因为有了这么一个巨大的"杠杆"，所以你的能力会增强，你的进步也会加速，你会有一个质的飞跃，用了不多久，当你站在所有的竞争对手面前时，你会有一种"鹤立鸡群"的感觉。为什么？因为你有这个魄力和能力，你创新的速度超越了别人复制的速度，所以最终你把"盈利、为用户服务、为用户创造价值、自我发展、自我提高、不断完善"全部用一个"零风险承诺"彻底地连成一体。所谓"零风险承诺是一个巨大的杠杆"，其道理就在这里。

此外，"零风险承诺"对不同的行业来说是不一样的。"零风险承诺"并不代表用户购买的所有风险你都全部承担，但至少代表你比任何竞争对手承担的风险都要多，用户承担的风险接近于"零"。竞争对手躲在后面什么都不敢承担，而你站出来承担，就可以了，但你不能承担在你承受范围之外的风险。比如我们很多人都参加过陈安之老师的成功学课程，很多学员都有一个梦想，就是我花了1000元买了这个成功学的影碟回来，放到我的书架上，然后去睡一觉，第二天起来我就成功了。这听起来不可思议，但是很多人就有这么一个幻想。

你必须要求用户采取行动，如果他不采取行动，是没用的。如果你卖的是冰箱，你保证能够制冷到多少摄氏度，可他从来不把电源插上去，这又有什么用呢？在这里，我给大家举一个非常有教育意义的"零风险承诺"的案例。

美国有一个成功杂志的老板，在卖一套"如何创业"的产品，包括创业计划、营销计划，以及如何申请公司，如何聘请律师、会计等一整套创业内容，400美元一套。那么这位老板提供的承诺是什么呢？他承诺：如果你不成功，3个月之内100%退款。就是说，在你所选择的商业模式下，你按照我的方法去做，如果你不能成功，我100%退你钱，对方没有任何风险。结果发现退款的有46%，非常高，后来这个杂志老板急得不得了，请了一位老师过去。这位老师非常有智慧，他总是逆着别人的方向思考，他说，你这个东西太简单了，你应该提供双倍的"零风险承诺"，如果三个月不成功，我退你800美元！这个老板说，你疯了，可能吗？这位老师说，当然可能，但是有一个要求，因为我要多给你一倍的退款，所以我对你有一个小小的要求，当你退款的时候，请你把你的退款要求用你公司的信纸写给我，可以吗？"我承诺的是保你成功，但如果你说你没有成功，那至少你的公司应该已经开起来了，对吧？所以，请你把你的退款要求，用你公司的信纸写给我，我就退你两倍的钱，这不过分吧？"这位老师解释说。结果退款率降到了4%，为什么？

因为很多人只是想创业，但是什么都没有做。

对于这个案例，我的老师评价说，既然我退你两倍的钱，那么我必须要有一个最基本的要求，否则我就是白送钱。我承诺这个东西有用，是基于你会采取行动，而当你用你公司的信纸写退款要求时，至少这证明你开过公司了。

很显然，像上面这个案例，当你提供了这么丰厚的"零风险承诺"的时候，你就有权要求对方去做最基本的尝试，虽然不能要求对方太多，但是最起码的要求必须有，否则你的"零风险承诺"将没有意义。比如，你参加了我的培训课，我这 10 次的培训班你参加了 5 次，如果不满意，可以退款，这有些不合理。但是我要求你旷课不能超过两次，这应该是合理的。一方面要求他作出足够的努力去得到这个东西，如果他不努力，再好的东西他也得不到，你需要让他采取行动；另一方面当你提出最起码的要求时（旷课不能超过两次），那些不认真的人，根本就不会成为你的用户，因为他不会采取第一步的措施。

"我承诺你一天半不满意可以退款，但是我要求你每天都要来上课。"如果这个人的想法只是到北京转一圈，那他就不会来了，因为他做不到，所以你通过"起码的要求"，就把非潜在用户给排除了。你做的承诺也一样，只要对方要求退款，你必须 100% 地退钱，你提供的无条件承诺必须要实现，但是对方要先交钱，这样做的目的不是"卡"这些人，而是把那些不符合条件的人"删除"。当你给出这么慷慨的承诺，你需要他也做出足够的表示和响应，否则就没有意义，这是一个平衡。也不是说你一定得绝对"零风险承诺"，你只需要比竞争对手做得更好就行。这是"零风险承诺"的一个哲学。

另外你需要管理你的内部，建立内部退货流程。首先，你的内部响应速度要很快，当别人要求退款的时候，你必须在第一时间退回去。只要我们收到用户的退款信息，我们的退款处理工作将在 72 小时内完成。你的"送货"因为某种原因可以推迟，但是退款不可以，因为这是你的承诺，如果你实现不了你的承诺，你就无法让更多的用户进来，这是很重要的一点。还有一点，很多人对零风险最大的恐惧是什么？怕很多人会退货。这是不可能的，如果你有很好的用户筛选标准，有很好的评判过程，那么请你设想一下，你把你的价值塑造得很好，对方很想要，但是就在交钱的一瞬间，他会有所怀疑，"你说的和你做的如果不一样，我怎么办？"所以当你给出"零风险承诺"的时候，相当于你对用户说，"你现在交钱并不代表成交，交钱只代表你给我一个机会，让我向你证明我说的和做的一样，如果不一样，你有机会拿回你的钱"，这样你就把他所有的顾虑打消了。

很多人认为这样做会亏本，其实你仔细算一笔账就明白了。假如在你不用"零风险承诺"的情况下，你只能招 10 个代理，而你用了"零风险承诺"则能招 30 个代理，就算有 30% 的人退掉了，结果会怎样？结果是你多成交了 11 个代理。更重要的是，这 21 个代理会更欣赏你，你们之间的信任度加强了，用户对你更感激了，因为你有这个魄力提供"零风险承诺"，这对他来说是一种优惠待遇。看清了这一点，不仅你的收入加倍了，更重要的是你与用户之间的关系变得更融洽，相互更信任了。即使用户要求退货，他觉得这个东西对他没有价值也没关系，就像"海浪"一样，也许那个人超前了，他现在没有准备好，可是你把钱退给他了，毫无疑问他会非常感激你。将来有一日，也许他还会回报你。这就是"零风险承诺"的威力，让爱你的人更爱你，让自己的能力提高得更快，让你做事更自信更坦荡，没有任何躲躲闪闪的感觉。

当然，"零风险承诺"有各种各样的版本，这里我给大家列出四个不同的版本：

第一个版本：不满意退款，只收 ×× 元的手续费或邮费。

这里有一个问题，什么叫不满意？假如说你卖的是美容产品，你比较下面两种不同的说法：一是不满意退款；二是如果你按照我的方法用上七天后，你和你最喜欢、最漂亮的姐妹们对比一下，如果没有人对你充满着嫉妒，我强烈要求你退款。

这两种说法有什么不同吗？假如说你按照我的方法用了七天之后，你参加你公司的聚会，如果你没有感受到一种全新的自信和状态，我给你退款！

这是不是威力更大了？只要你能用语言给别人表达一种肯定的结果，别人就会感到安心。这里请大家记住：要结果，要结果，要结果！

第二个版本：不满意100%退款，我们支付邮费。

这个比第一个要好，因为如果你让用户付邮费，我认为是不合理的。用户给你信任的机会，用你的产品，结果证明不合适，他不应该有任何损失，你应该100%退款，邮费也应该由你出，这是你的责任。

我在这里给大家讲一个例子：

有一位畅销书作家卖了很多书到国外，有一个英国的读者在一个月之内没有收到货，虽然邮局系统显示收到了。到英国的邮费需要400多元，按道理这位作家可以退1000元产品费，至于400元的邮费可以不退，因为他确实发货了，而且系统显示已经收到了。正常的处理就是这位用户付邮费，因为谁都有责任，毕竟系统显示是收到货的。但是这位畅销书作家认为，别人跨洋寄1000多元给你，确实是想拜读这本书，确实是因为别人对自己有极大的信任，所以才愿意这么做，但是对方说没有收到。因此，这位作家认为英国的读者不应该承担400元的邮费。他对英国的那位读者说："如果你愿意等，我们可以再寄一套给你，如果你不愿意等，那么我就把1400元分文不差地退给你。"

从上面这个例子我们可以看出，因为这个英国的读者确实是想读这本书，但是没有收到货，就莫名其妙地出了400元邮费，从对方的角度来看，这是不合理的。作家的回复就是"零风险承诺"。这样用户会更感谢你，更感激你。要算大账，不要算小账。

第三个版本：不满意××天内100%退款，我们支付邮费，你不需要回答任何问题。

这个承诺更有杀伤力。我以前在培训其企业的时候发现，他们拖了47天才给人家退款，而且要经过很多环节，还要领导签字才行。结果他们的退货率从原来的10%降到了1%，为什么？因为用户还没有坚持到最后就被"烦死"了，实在不愿意跟他们啰唆了。

你知道吗？你的"零风险承诺"要么做得很彻底、很干净，要么你根本就不要做，不要欺骗人，这样做没有意义，也不可能成功。

在我还没有动笔写本书前和一位朋友聊天，他说他要帮我卖，但是他的退货流程有问题，我说，你不给人家退货，将来所有人骂的都是我，跟你没有关系。他说，我承诺至少给你卖1万套。我说，你承诺100万套我都不卖。很简单，因为你做不到我要求的"零风险承诺"，这是我做生意一个最基本的要求。

你记住，当你做"零风险承诺"时，这不仅仅是一个姿态，更是你快速赚钱的一个手段。当你真正掌握了这样一种方法，什么都不用做就会增加你几倍的销售量。所以我经常给我的学生讲，"零风险承诺"是你的责任更是你的义务，如果你做不到，我也无法收你做学生。

我的理念很简单，如果你不敢站出来承担风险，承担结果，你有一种侥幸或者蒙混过关的心态，那我不可能为你服务。因为我不会给"魔鬼"们提供一个有力的武器，我需要给"英雄"们一个腾飞的翅膀！

第四个版本：不满意我们立刻、无条件、100%退款，我们仍然是朋友。

"不满意我们立刻、无条件、100%退款"，这就显得更加坚决。还有一个比"零风险承诺"更好的零风险，即使你要求退款，你仍然可以保留我们送给你的珍贵礼品。就是说，即使最后你要求退款，你不但可以100%拿回钱，还可以保留赠品。

第四大玄机：超级赠品。

超级赠品是很重要的东西，但如果是你卖不掉的产品你就不要再赠送赠品了。为什么？你卖不掉是因为你的产品没有吸引力，没有吸引力的产品就算你送给别人也是没有价值的。就算别人看好了你的核心产品，也是因为觉得超级赠品对他确实很重要，满足他贪婪的心理，才促成他的行动。

如果他很喜欢这个核心产品，但是赠品对他一点意义都没有，他根本不想要。这样的话，他就觉得自己吃亏了，别人觉得这个有用，我觉得没用，对我没有意义，反而会降低他行动的可能性。所以，你的赠品一定是有价值的。为了确保有价值，你的赠品最好是围绕着你的核心产品进行设计，和核心产品进行互补，帮助它、促进它。为什么？因为他已经喜欢你的核心产品了，那么对核心产品的促进是非常重要的，所以一定要围绕着核心产品进行设计赠品。另外，千万不要让人家感觉你的赠品是有了但你的核心产品不完整，这个反而会扼杀他购买的可能性。

比如说我们是卖奔驰汽车的，很漂亮；工程师设计的最新造型——流线型，也很好；我们还有一个超级赠品，赠送你两个轮胎。那人家一想，啊！原来还没有轮胎啊？那就不想购买了。赠品虽然是增值的，但是不能让人家以为你的核心产品不完整，否则他就不会购买。

超级赠品的设计一定要配合你的核心产品，赠品设计的目的是帮助用户快速轻松地采取行动，产生购买。如果你卖的是课程，但是送给用户的却是牙刷，这样是没用的，所以要有"相关性"。你要理解，别人是对你的产品感兴趣，你需要在这个基础上去设计你的赠品。即使是赠品，你也需要塑造价值。没有经过"塑造价值"的东西，即使是免费的，别人也不想要。你需要塑造这个赠品的价值，为什么它很关键，它能帮别人解决需要解决的问题，带来他想要的结果。

当你塑造价值时，你要聚焦在对方可能得到的结果上，只有这样，才能提高产品在用户心中的价值。你要让用户觉得购买这个产品，已经得到了10倍的回报，但是你给予的更多，你还送他赠品，这就更超值了。当然，在塑造价值的时候，你需要给用户一个衡量产品价值的尺度。比如说，这个赠品我以1000元的价格出售过，确确实实地卖过，不是随便编的，是真实的事情。当然，我的建议是你的超级赠品不要超过核心产品的价值，否则可能会影响你的可信度。

你不要只送一个赠品，最少送两到三个赠品，这样它的作用会更大。为什么呢？因为你的一个赠品可能只让一部分人喜欢，另外一部分人，可能会因为不喜欢你的赠品而决定不购买你的产品。而当你有三个赠品时，你就可以从三个不同的角度去给人家提供价值；同样的道理，这三个赠品的设计最好是有所差别、不同形态、不同角度的。

最后，你卖不掉的产品不要当赠品，比如说，你仓库里存了很多东西卖不掉，你就想送给用户，千万不要这么做！很多情况下别人是因为喜欢你的赠品，所以决定购买你的主打产品，但也有人因为不喜欢你的赠品，所以决定不买你的产品。总的来说，超级赠品是整个销售流程中不可分割的一部分，超级赠品的设计很重要！

"超级赠品"威力最大的使用方法是和"零风险承诺"相结合。比如，你的赠品即使在用户退款的情况下，也可以被保留。这样做会让别人采取行动，就会有所得，所以他没有理由不采取行动。再说，你把邮费也报销了，还可以保留赠品，所以他没有理由不采取行动。因为如此，你的赠品需要是高价值、低成本，这个产品的价值非常高，但是它的成本很低。

你要知道，用户只关心价值，他不关心你要花多少成本去实现这个"价值"。所以你要花精力帮他琢磨出最有价值的赠品，然后又能降低自己的成本，这很重要！不管你卖什么，教育本身就是有价值的。比如，你去教一个母亲"如何照顾好自己的婴儿"，第一次当母亲，她什么都不知道，如果你有一个报告，把她所有最担心的问题都列出来，请最权威的医生给她辅导，那这个报告本身就是价值。这对你来说可能成本很低，你只是请一个专家录上两个小时而已，关键是这些东西确实有价值，确实是她们想知道的答案。这是超级赠品最基本的一个使用方法。

在这里，我需要对"零风险承诺"做一些补充说明。"零风险承诺"是成交的一大利器，但是它不是销售中的第一个武器，你千万不要冲上去就说，反正我有零风险，你就买吧！如果你的产品没有价值，即使你做"零风险承诺"别人也不会购买，所以你需要先塑造产品价值，当别人想要你产品的时候，"零风险承诺"才会在最后关头消除他所有的疑惑，起到关键作用，千万不要冲上去就提"零风险承诺"，这没有用，因为用户还不信任你。

最后，请你一定要记住：你的产品或服务不能为别人的梦想创造价值，再好的营销，也无法帮助你。

第五大玄机：价格。

只要是成交，一定会涉及价格，在别人认识到你的产品或服务的价值之前，你不应该谈及价格，也就是在你塑造价值前永远不要提价格，为什么？因为你卖的是价值，价格只是一种传递价值的标尺，当他不理解他要得到什么的时候，你的价格会让他觉得很不舒服。所以，当他觉得最好的时候，这个时候他觉得这个东西"我想要"，其实他心里已经在想了，究竟多少钱呢？这个时候你的价格才会起到作用。你看我们销售从来没有一开始就说价格，除非你卖的是一个标准的实物，比如说大米，没多大差别，都是大米，我的价格比别人有优势，便宜，那我可以提高价格。如果你的产品不是标准产品，你必须先塑造价值，然后再给出价格。

如果你一开始就抛出价格，对方会被吓跑。比如，我告诉你"三万元三天的培训"，我想没有一个人会报名参加我的课程，因为我没有说清楚"我能帮你做什么"。还有就是最好的销售会就用户脑海中的所有疑问给予一一地解答。当你回答了对方所有的疑问后，才呈现价格，才呈现"零风险承诺"。一定不要因为价格剥夺了用户享受这么好的产品，用户需要先了解这个产品的价值。所以，如果你的价格很高，你必须解释，这就是为什么我在任何时候都要解释的原因。还有，如果你的价格非常低，你也需要解释，不要认为你的价格低，别人就没有疑问，你同样需要解释。

下面给大家举一个例子：曾经有一个人卖劳斯莱斯，这个车很贵，但是他有一次卖得非常便宜，便宜得别人都不敢相信，他说，这个车是我一个朋友从国外弄进来的，因为在美国大家都在左边开车，但是这个车的方向盘是在右边的，所以才便宜。这样别人就相信了。所以，你需要给别人解释为什么便宜，当你解释了原因，别人才能接受你的价格。

总之，无论你的价格是高是低，你都需要解释。否则别人就会按照他的思路去假设，万一他假设的有偏差，那他可能就不会去购买了。

第六大玄机：支付条款。

"支付条款"是影响你成交的吸引点。

让用户"一次性预付现金"，很显然，在收到货接受你产品或服务之前这么做会"扼杀"你成交的机会。如果在微信上，我让你们在没见到我、对我一无所知的情况下就往我账户里打3万元，很显然这会扼杀"成交"的机会，因为我们的信任还没有达到这个程度。在线下交款，至少你会见到我，你知道我说的是真实的情况，这是一个非常重要的信任，而不是巧合。

你让对方采取的每个行动要跟你们之间的信任相配合。你第一次见到一个女生，不管你是否喜欢她，她绝对不会第一次见面就想嫁给你，因为你们之间的信任还没有达到一定的程度，但是如果你提议和她一起喝咖啡，这是正常的。

所以，你需要把你对用户的要求"台阶化"，要一步一步地进行，当别人对你的信任很高时，你可以要求多一些，无所谓，可是当别人对你的信任很低的时候，你必须把他的行动分解。为什么要提供多次付款？其实就是把"交易门槛"降低，让它和信任成比例。

信任！我反复强调信任是你成交的一个"重要货币"，没有信任，你就不可能成交。当然你可以提供"货到付款"，很显然这样风险就更低了，你成交的吸引力也就更高了。为什么货到付款很有吸引力？就是因为他先看到了产品，再付款。

这里给你说一下分期付款，就是客户先获益，然后再分批付款。这种方式的吸引力更好，有两点因素：第一，你愿意承担风险。别人可能不付钱给你，但你愿意承担风险，因为你对你的产品或服务有信心；第二，可能有很多人没有这么多钱去购买高价的产品或服务，但他可以分期去购买。这样做你可以让更多的人成交。

比如说，我可以卖你一套10万元的产品，但我允许你先拿回去用，只要你先交1万元定金；你第二个月赚钱了，再交1万元；第三个月赚钱了再交1万元……这样，你付给我的钱都是在你已经赚钱的前提下做的。这就是边受益边付钱，这跟租房子的感觉有点像。

先受益后付款，这是一个最好的成交方法，这种方法根本不需要说服，因为用户已经得到了想要的结果。这种方式需要你把原来的一个产品分解成多个产品，然后放在"前段"让用户先体验，不断地给用户创造价值。比如我的产品价值很大，我可以先给你显示 1% 的产品，但已经足够让你赚回成本了。有的产品可能与节约成本有关，但道理是一样的，通过这种方式，你的成交将变得非常有吸引力！

第七大玄机：物流。

物流有各种各样的，比如说现场提货，那当然是最好的，交完钱马上得到产品，非常有吸引力。如果说××天内送货上门，它的吸引力没有现场提货这么好，但是有时候用户没法现场提货，这时你可以说我用某某著名的快递公司，24 小时发货，这样吸引力又增加了。

我刚做微商的时候，经常有人发消息给我，比如"我的朋友都说我一定会受骗的，请你帮我发货好吗？"这体现出了用户的心态，所以当你的发货日期离付款期越近，你成交的可能性就越大，因为你降低了对方的忧虑，降低了对方的担心，你在给他创造价值。由此可见，"发货方式"影响你的成交。

还有一个叫分期送货，有些产品它必须分期送，比如说他买了你六个月的产品，他先付了钱，货是一月一月地发的。如果是这样的话，你需要告诉他在六个月中你将在什么时间发货，由什么公司给他送货，那么他的担心就小多了。

比如，"我知道你付了六个月的款，我将在六个月内分批发货，我会在每个月的 1 号发货，我用的快递公司是顺丰，大概需要两天的时间你就可以收到货"。这样一来，就可以让对方感觉很舒服，也可以解除他的疑虑。

所有这些情况，你都要从对方的角度去思考，你得知道"他的忧虑是什么"，这样你才能进入他的世界。你知道用户交完钱之后再等待货的那种焦虑吗？所以你应该减轻对方的焦虑，这样你的成交率就会增加，所以物流很重要。

第八大玄机：稀缺性。

请你记住：每一个东西都有稀缺性，你必须设法找到它。

为什么每次我开精品班一定要限定人数？因为我希望能帮助到每个人，我要去剖析每个人的营销，这需要很长的时间，我怕分散精力效果不好，所以我不能接受很多人。

稀缺性是"数量有限"的概念，为什么稀缺性很重要。如果你没有稀缺性，对方会犹豫，因为稀缺性会造成一种失去的感觉。因此，并不是每个人都能进来，我有一定的数量限制。

第九大玄机：紧迫感。

紧迫感是什么？是时间有限。比如说培训，我可能在某月 15 日就停止招生，虽然 15 日以后还有很多人打电话报名，但我根本无法应付，因为没有时间了。我们希望在 15 日以后全力以赴地准备三天的培训。这是一个时间的紧迫感，如果你在 15 日之后再打电话，对不起，我们无法帮你。这就增加了用户的"紧迫感"。

还有一点我想说明，紧迫感和稀缺性是相关的，这两点可以相互地加强。譬如说，我公司的数据库里有 1 万人，我现在想卖产品，且只能卖 100 套，因为我想在第一个阶段用低价的方法先做测试，5000 元 / 套，如果大家都得到了想要的结果，那下一步我就要提价。

因为我的数据库有 1 万人，所以当我给 1 万人发信息的时候，这就造就了"稀缺性"。因为 1 万人中可能有超过 100 人想报名，当然这里面也又有"紧迫感"，毕竟 100 个名额很有限。

这个"稀缺性"造就了"紧迫感"，你卖的每个东西都要让用户感到"稀缺性"和"紧迫感"，否则你是很难成交的。我们都是人，人性就是喜欢拖延，你必须给他一个不拖延的理由，但我并不是让你去编假话，我们要实实在在地做，可惜很多做微商的人没有意识到这些。

打造"稀缺性"的方法有很多种，比如我卖课程可以卖无数次，但是我送的超级赠品是有限的。因为"如果你现在马上报名，你就能得到一个超级赠品，这个赠品的价值非常高；但如果你今天没有报名，明天你也可以报，但是超级赠品没有了"，这是可以理解的，因为先报名的人必须得有额外的奖赏，这点大家可以理解。

第十大玄机：解释原因。

你的所有决定都有基于这样的考虑：为什么稀缺？为什么紧迫？为什么你要送超级赠品？为什么你的价格这么高？为什么你的价格这么低？为什么你的"零风险承诺"如此地慷慨？所有这一切，你都需要给对方一个原因。比如，对方需要理解你为什么这么做，这样他更容易相信；你希望你的营销是透明的，你需要给潜在用户解释"为什么"，而且你可以有自私的原因。

如果你听我讲课，你就知道我解释了很多"为什么"。为什么我不自己操盘微商而做微商培训了？为什么我要把所有的秘诀教给你？因为做培训我可以更轻松、更快速地赚钱。如果我能帮你"更轻松、更快速"地赚钱，你也不在乎我的自私目的，但是如果我不说，反而不真实。如果你的自私是建立在别人得到价值的基础上，那你的自私反而显得真实。如果你拼命地给别人创造价值，但是你却把真正的目的掩藏在背后，那人家会觉得怪，可能就"扼杀"了你的成交。所以，原因非常重要，你一定要解释原因。

我的上述十大玄机，每个玄机都可以让你向理想中的"成交"靠近，这些东西看起来很简单，但每个玄机都很"神奇"，尤其当你懂得组合运用的时候，它的作用不是两倍或三倍，而是很多倍。

4.无法拒绝的引流系统

引流这个环节的关键是，你的引流系统是让人无法拒绝的。记住，这时候人家对你一无所知，人家对你的信任是零，所以你的引流系统设计要让人无法拒绝，而且还要可信。如果你说我送你10万元的价值，成功率显然不高。所以在这里你不仅要无法拒绝，而且要可信。

用户免费赠送是一个非常好的方法，但免费赠送要为下一步的成交埋下一个伏笔。免费赠送是一个非常关键的因素，但免费赠送并不是说一定要送自己的产品，可以送与自己产品相关的。你记住，你需要送的是与产品相关的，也许是免费体验，也许是免费测试，也许是免费咨询，也许是免费检查，也许是免费评估，也许是其他的免费报告等，你要送的这个免费的东西必须能够为下一步你的产品的出场作一个铺垫才行，否则你吸引的人不一样。比如说，你是卖健身器材的，你送免费眼镜，没有用，这不能为你的产品作铺垫，但是你送免费的瑜伽课，或者免费的减肥方法，说不定就能够为你的产品作很好的铺垫，然后也可能只付手续费，产品是免费的，这也很重要。

　　免费是一个非常重要的工具，任何时候人们对"免费"都有一种天然的本能反应。有一个教授做过这样一个测试，他在校园里摆上两种巧克力，20元钱的巧克力只需要2元，10元钱的巧克力只需要1元。他发现会有一定数量的人花2元钱购买这个20元钱的巧克力，也有一定数量的人花1元钱去购买10元钱的巧克力。当他把价格分别降低0.5元，即一个是1.5元，另一个是0.5元的时候，发现购买人数的比例没有太大的变化，就是说原来可能有10个人购买了20元钱的巧克力，5个人购买了10元钱的巧克力，现在仍然是这个比例。当它们分别降低0.7元时，即一个是1.3元，另一个是0.3元的时候，比例还是没有变化。但当他把一个变成1元钱，另一个变成0元的时候，发现90%的人都要免费的，而不愿意付1元钱去购买那个20元的。但实际上价格调整的幅度是一样的，而且谁都知道那个20元钱的巧克力要比这个10元钱的要好得多，但是没有人愿意付1元钱，而是愿意不花钱去要另一个。这个教授觉得可能是人家嫌烦，不要钱就拿了，另外一个还要掏1元钱。所以他又在学生食堂做了测试，而学生都是通过购物卡来购物的。所以他在结账的时候放这两种巧克力，然后进行测试。就是说只要你说要，那个加的1元钱就直接从你卡里扣了，没有其他任何动作。结果呢？和之前测试的结果是一样的，发现大家依然对免费的东西特别敏感。可见免费对人家的吸引力非常大。

　　然后这个教授又想，是不是只是成人会这样，小孩是不是就不这样了呢？于是他又对小孩做了这个测试，在美国鬼节的时候，小孩子都拿着灯笼到各家去要糖。然后他给每个小孩一些糖，但不一样的是，给糖之后他对小孩说，你看我这里有两块巧克力，这一块巧克力，你需要给我5颗糖，我才能给你这块巧克力。另外一块巧克力，你给我2颗糖，我就给你。前面一块巧克力比后面这块巧克力大，他发现，有一定比例的小孩会给他5颗糖，要大的巧克力，一定比例的小孩给他2颗糖要小的巧克力。然后他做了一个调整，调整为分别需要4颗糖或1颗糖来换，结果同用5颗糖或2颗糖的比例没有什么变化。后来改成3颗和0颗时，发现所有小孩都喜欢要那个0颗可得的。

从价值的角度来说，这是不合理的。我们知道那块巧克力的重量可能是另外一块的三倍。多付3颗糖要那块大的是值得的，但是没有人要，因为"免费"对人们的吸引力太大了。我们前端之所以要用"免费"吸引人的原因就在这里，因为它的吸引力非常大，但是精彩的免费在于设计，为后端作很好的铺垫。即使你的产品不能免费，你也可能在其他的环节上设计免费的东西。

亚马逊曾经做过一个测试，只要你购买一本书之后再买第二本书，你就可以享受免运费。就这么简单的一个免运费，就增加了很多的销售量。因为不需要运费，用户一想，每次购书还要付运费，现在第二本不需要付运费了，所以用户就很有可能会购买第二本。很多营销就是这样的。本来他对你的产品不感兴趣，现在你的广告让他能够发信息给你，你已经让他动起来了，他就会有一种能量和动力在里边，你应该想办法让他加速。他本来采取了行动，然后让他购买，当他购买了一定量的产品，再让他购买更多，当然你需要给他提供更多的价值，让他看到你的产品的价值。这就是为什么我的成交主张里一定得有免费的产品的原因。也许你的产品本身不能免费，但你总可以提供免费体验、免费测试、免运费……

我曾经有一个做直销的用户，他以前就是把一帮人请来，然后会议营销，开始时成交还不错，十几、二十万元，后来连两三万元都成交不了，因为用户的抵触很大。我给他建议：你跟一个体检中心合作，你免体检费，然后通过这些人过来体检，你在体检中心设立一个很好的服务台，这样就比较容易了。因为现在很多中老年人都希望体检，比如说你给他们提供一个标准的体检表，这个体检包括5项标准，然后用户体检5项，你再另外追销他3项，每项收费20元，一定比例的人就会去购买。这个说不定就可以把你整个体检的成本给吸收了。然后你再巧妙地建立一个桥梁，为你后续去拜访他或者销售你的产品作好铺垫。因为体检本身只说了他在什么方面有问题，然后你的销售就变得更简单了。

事实上，我们总能够为我们的用户提供免费的东西。当你理解了引流系统的精髓的时候，你会发现你能够创造出价值，能够在别人认为不可能的地方创造出一些价值来。所有人都认为体检需要100元、200元，但是你却能免费体检。为什么呢？因为你找到了生意不景气的体检中心，因为你给这些体检中心提供了很大的客流量，因为你有后端的追销，所以你才能提供免费的体检。

比如，你说只付成本费，虽然我不能完全免费，但我一分钱没有赚，你可以去任何地方调查。为什么我要这么做呢？因为我想让你们首先体验我们产品的特点，我们产品的功能，一旦你体验这个产品，你会发现它的功能比我说的还要好，你会发现我们的产品能够给你想要的一切，到那时候我相信你会决定购买。因此我认为，我们值得放弃第一次赚你钱的机会，然后，有一定比例的人就会继续购买，但只能是第一次购买的新用户才可享受这种只付成本费的优惠。

由此看来，无法拒绝的引流系统的建立，其核心是让你前端的人感觉，"哇！不可思议！"但是又要有一定的可信度。

5. 潜在用户的框定

在选择用户的时候，对潜在用户的框定非常重要。我总结了下面两种方法。

第一种方法：身份限定。

所谓身份限定，就是说因为你提供了一个无法拒绝的引流入口，但是你又不希望所有人都进来，你就要对你的潜在用户有一个限定。比如说你是一个做保健品的微商，你可以限定你的潜在用户的年龄，或者限定一个街区，要求用户是住在这个地方的并且有体检历史的人。每个用户的情况不一样，你需要慢慢地限定，通过限定你的用户，使你的成交率更高，成本更低。很显然，如果你能够通过某种资格的限定，把一些不属于你的潜在用户排除，那么你的成交率就提高了，你的营销成本就降低了，这意味着你的前端可以放得更大。

所以，你要换个角度看待这个问题，身份的限定里面蕴藏着一个巨大的杠杆，反过来就有更多的合作伙伴可以合作，有更多的"鱼塘"可以借力。这意味着有更多的人会进入你的营销系统，这就是身份的限定。

第二种方法：行为限定。

什么是行为限定？比如说，某个商品是免费的，但是所在地没有电梯，需要走楼梯到13层去领取。大家应该明白，你送一个免费的产品给用户，然后试图销售产品给他，走到13楼的领取产品的用户成交的可能性远远超过只肯在低楼层领取产品的。这就是人性，用户付出得越多，越愿意往前走。另外，用户意识到这个东西的价值确实对他很重要，他才会走上13楼，而不是想随便占点便宜，而随便想占便宜的人，可能他就不会去爬13楼了。通过这么一个行为的限定，你就把非你的目标用户给排除在外了。

你可以从其他方面限定，如年龄、性别等，另外还有支付手续费、押金等。我做过免费索取微商课件，有很多人免费索取，但是我们说支付1元的手续费，索取的人数就降低了，但以后在这些人中推广付费课程成交率会提高。

6. 成本控制的秘诀

成本控制就是计算你的前端引流的直接成本，并要控制好这个成本。如果免费送产品或服务需要找合作伙伴，这个合作伙伴本来生意不好，比如说上面提到的体检的例子，而你能够给体检中心创造后端营销，带来的用户将来说不定还会来体检——付费体检，那么就相当于你给体检中心引流，你就可以建议体检中心只收你成本费。

再如，你跟某时尚杂志社合作，这个时尚杂志 20 元 / 月，每月一期一年 240 元。你可以要求它给你 5000 套，你付成本费，一本 5 元钱，12 期付 60 元，也就是每套 60 元 / 年，杂志社肯定同意。为什么？因为只需要在原来的基础上加印就可以，支出只有个成本费。再说售量上去之后喜欢这个杂志的人，说不定第二年愿意花 240 元订一年，然而更重要的是你的发行量，给杂志社免费做了广告。如此看来，如果你想跟健康杂志社、时尚杂志社等合作的话，我觉得有很多这样的机会。你只要了解它们的成本结构，价值 240 元钱一年的杂志，就可以花很少的钱购买。当然，如果你能说服它，你能给它带来更多的后端利润，说不定它会免费送给你杂志，我们有很多这样的控制成本的机会。

要巧妙地把前端的成本降低，你的前端的成本降得越低，就说明你的产品成交价可以更低你都不会亏钱。你追销的成交价可以更低你都不会亏钱，那么就意味着你的前端可以放得更大，降低你前端的直接成本非常重要。

另外需要注意的是，你要先测试，后放大。不要任何人来都行，没有限制。如果先测试的比较少，万一你的产品是失败的，万一亏钱，你亏的钱也很少。

记住，永远不要一开始就大规模地扩展，你的营销永远要遵照测试、放大、优化的顺序。

7. 借力成交的秘诀

第一，借"鱼塘"引流。

借力成交首先我们要学的是在前端引流借力，也就是说要借用别人的"鱼塘"来进行引流。任何时候，一个用户做出购买你的产品和服务的决定都不是孤立的，他购买你的产品和服务是满足一个梦想，实现一个愿望。有些产品他在购买你的产品之前已经购买了；有些产品他在购买你的产品之后必须购买；有些产品必须跟你的产品配合使用，增强你的产品的效果；有些产品是跟你的产品共存的，虽然没有太多的直接联系，但是是共存的。

比如说，用户购买奔驰车，他可能还会购买豪华的公寓，这两者并没有直接的联系，但它们是共存的。这是非常重要的。这里不妨讲一个卖豪宅公寓的故事：

有一个人想卖佛罗里达度假公寓，但是找不到潜在客户，他登了报纸做广告，也没有出手。

后来他就想办法，和加利福尼亚州卖海边公寓的人合作，其中的道理很简单，他觉得潜在客户在决定购买海边公寓的时候，没有一个固定的想法，他只是想拥有一个海边公寓而已。所以他有可能考虑佛罗里达州，也有可能考虑加利福尼亚州。所以他就和加利福尼亚卖海边公寓的人合作，互相交换客户信息。但就是这么一交换，突然产生了很多潜在的客户，他的销售量就上去了。

为什么呢？一个人在决定购买度假公寓阶段，他去加利福尼亚看了之后可能并不喜欢，但是他要在海边拥有一个度假公寓的想法仍然没有变。这个时候我们给他一个佛罗里达州的选择，就可能会决定购买。还有一部分人，他在加利福尼亚已经购买了，觉得挺好，但他不可能在加利福尼亚再买第二套、第三套公寓，他会考虑到佛罗里达州再买一套，这样的话就通过一种共存的关系，把这个"鱼塘"找到了。

不管你卖的产品是什么，客户在购买你的产品之前、之后购买的产品，无论是和你共存的产品，还是和你互补的产品的商家的"鱼塘"就是你的"鱼塘"。

第二，测试结果。

找到了"鱼塘"，我们应该怎么跟商家合作？促使成功的因素有哪些？很简单，在你跟别人的"鱼塘"合作之前，你需要找塘主。你需要有测试结果，如果塘主没有兴趣跟你做实验，你说我们已经做了测试，只要你那边给我们××潜在用户，我大概的成功率是××，按照我们的测试结果能够给你的报酬大概会是××。你不用投资，我们利用你的资源，如果估算没有错的话，我每周可以给你××元。这点钱也许不能帮助你很多，但是你没有什么损失。

所以你需要先测试，最后你才有数据和对方沟通。

任何愿意跟你合作的人，都是因为你有一个稳定的肯定能够赚钱的方法，确保他能够赚钱。

所以你的测试结果很重要，你也可以在别的类似的鱼塘中进行测试，有时候可能会花费一定的成本，这个也没有关系，也是值得的。即使你没有测试，你也要对合作伙伴说如果我的设想不错，应该是这样的结果……但我也要诚实地告诉你，我还没有做过测试，你先做一个测试，如果测试达到了这个效果，你就可以考虑和我合作。

任何时候你希望和别人合作，让别人做的事情越简单越少，你的成功率就越大，最好不要让他发挥自己的创造力、让想象力去作决定，那样你永远不可能成功。你把所有的事情都做好，你说按 A、B、C 步骤进行操作就可以了。所以你测试过的这个群体和他的鱼塘的群体要有足够的相似性，否则你的结果就没有有效性。

第三，"鱼塘"选择的标准和优先顺序。

如果你需要很多人，那么你就不要选人数少的"鱼塘"。从你的业务上来说得有足够多的人，"鱼塘"里的"鱼"还要对"塘主"有足够多的信任。

选择"鱼塘"还要看"塘主"的能力，比如看他们以前做的事情有没有成功的案例，做事情效率怎么样，有没有潜在用户的名单？

另外就是你要排出一个优先顺序。你联系十个人选择一个最有意向与你合作的人，这个人具备条件，我们就开始合作，合作的结果很好，再反馈给其他几个人。然后说不定其他人当中又有很愿意与你合作的，然后再进行合作。慢慢地，和其他人再开展合作，不要指望一次搞定所有人，这是不可能的。

第四，合作方式。

你可以设计一个赠品，只要用户购买合作方的产品，用户就可以获得这个赠品，就是作为成交时的赠品。

然后你的产品或者服务作为合作方引流的一个工具，帮他带来潜在的用户，作为他独立的追销主线。如果他现在有很多老用户，然后你可以说向你的客户卖我的东西我给你 40% 的利润分成，这是一个完全作为独立追销的手段。

然后可以作为追销组合的一部分，把你的产品和他的产品组合在一起。你们的用户是共同的，需要你们两个的产品，所以你们可以组合。

第五，合作主张。

怎么能够促成用户不断地给我们推荐新用户呢？这里有很多成功的因素。

其一，佣金。当然你需要给钱，但中国人很多时候不一定能够接受这个钱，所以你需要变换一种方式。也许你可以送他你的产品，本身他也需要的产品。你也可以送他其他的，他有需要的。比如，你可以送他纪念品，你可以送他购物券等。总而言之你需要给价值，或者给他一个特别的机会都可以。比如，我们公司每年会举行一个年会，我们会邀请一些重要的用户参加，然后到什么地方去玩上两天。

其二，合作难度的降低。你说帮忙推荐，我告诉你，如果你这么说没有多少人帮你推荐。可以给你我的名片，如果你有需要的话，或你的朋友、同事能够从我们的产品和服务中受益，请把我的名片推荐给他，请他和我联系，这样似乎要容易一些。但如果你说，我们这个月在做一个活动，邀请老用户的朋友，我们有一小时的咨询活动，本来要收费 1000 元，但现在因为都是老用户的朋友，所以我们就不收费，那么这个作为礼品价值就会更大。

所以让你的用户帮你介绍，当然你可以给他价值，但是如果仅仅是价值而不是让他介绍的朋友认为：嗯，谢谢你给我推荐这个资源，确实不错，确实帮了我一个大忙，还不够。你必须让介绍人在他推荐的人心目中有一个很好的形象。

实际上就是说，你要让你的用户在被推荐人那里的工作好做。你不要为难推荐人，你要降低他推荐的难度，让他的难度越低越好。

第六，合作领导。

任何两个人在合作做一件事情时，一个人必须起领导作用，否则这件事情就做不成。既然是这样，谁应该做领导呢？我的建议很简单，你必须起领导作用，有且只有你能够领导，就是说你需要告诉他怎么做，你需要帮助他解决问题，你需要帮助他提供工具，你需要帮助他事先设计好模板。

另外从伙伴的角度，他能够得到什么？不要老说钱，钱是次要的。给你现金不一定要。如果你确实喜欢时尚，我送你一年的时尚杂志，你觉得很珍惜。我就用钱订阅杂志。但实际上对于一个热爱时尚的人来说它的价值远远超过杂志的价钱，因为它是一个特殊的赠品。所以大家要想办法把钱变成更有价值的赠品。就是你要从对方的角度出发，去思考他需要什么。如果他不需要这个东西，那它就没有价值。

你还要给合作伙伴描绘蓝图，让他对合作有信心。因为合作伙伴从来没有做过，不知道结果怎么样，你要表现出很大的信心，并且你有事实依据，你有测试数据和其他合作伙伴的见证，这些非常重要。

第七，合作的管理与监控。

你跟合作伙伴及老用户的关系是一样的。如果你仅仅依赖他们随机的，没有系统性的推荐，你的事业就做不大，你必须得有一个推荐系统，如果你有这个系统，你就必须做好管理和控制。

你监控哪些指标。一是推荐的总人数。一定时间内推荐的人数。二是成交的比例。三是监控周期。四是有没有备选方案。如果这种推荐方法不行，有没有其他的方案。当然了，关键是你需要测试，如果一个合作伙伴对你没有信心，没有做过，你要给他一个测试的方案，所以我们在小范围内先测试一下，看看怎么样。

第八，确保透明度。

这里要强调的是要确保透明度，你和合作伙伴之间千万不要弄虚作假。你需要的是他不遗余力地帮助你，如果你的整个机制设计是成功的，你不需要弄虚作假，不需要欺骗对方。如果你弄虚作假，你只能扼杀与合作伙伴的合作可能，所以合作一定要透明，不欺骗对方。

每天或者一定时间有多少用户，成交额怎么样，要让合作伙伴知道。要及时披露信息，可以一个星期或者一个月向他汇报一次，这样人家觉得你是诚实的，他就会与你更真诚地合作。

第九，报酬支付。

如果你答应给对方一定的报酬就要及时地支付给对方，不要拖欠。否则人家就不愿意继续和你合作，你记住了，你后面还有其他的合作伙伴，其他合作伙伴需要从已经合作的伙伴中看到信心才行。

第十，争议处理。

如果你的前端比较丰富，如果你的整个流程设计得很好，有钱赚，如果在这个时候合作双方出现争议，在合理的范围内，要照顾到合作伙伴的利益，不要自私，要能够让合作伙伴满意，这样你以后的合作就会更好。

我是希望你对待合作伙伴和对待用户一样。对待用户你第一次并不是想赚他最多的钱，争取不亏钱就行了。就是你希望用户能够得到价值，对合作伙伴也一样，如果合作伙伴赚到钱了，即使你没赚到钱，也没有关系，将来还有很多机会赚钱。最好的结果是大家都赚到钱，即使你真的没有赚到钱，将来也还有机会赚钱。

8. 用人性成交的密码

我们对知识的理解，各有各的角度和高度，但是如果大家相互沟通，应用起来才能得心应手。其实很重要的一点就是能够把知识学活，用起来能够充分考虑到人性。

我的老师告诉我，如果你能忘记营销，回归到人性上去，理解人性，你一定能够成为一个营销高手。但是，如果你仅仅盯着营销，忘记了人性，你是不可能成为营销高手的。事实如此，要记得我们是在和人打交道，我们做销售，希望别人把钱给我们，为什么别人要给我们钱？当然我们要满足别人的需求，满足别人一个什么样的需求？为什么别人会为了一个需求的满足而愿意花钱？这是一个非常人性化的问题，如果我们理解了这些问题，做营销就非常简单了。

我的老师还说这个世界上"最高级的营销是没有营销"，就是说看不出来你是做营销的。这和前一句话是相关的。这和武术境界是一样的，真正的高手，只需要内功的较量，不需要一招一招地较量，真正的营销到最后的境界也是这样的，就是表面上看不出来是在销售，但实际上其实已经实现了销售。这是非常重要的需要慢慢去感悟、慢慢去接近的一个状态。

以前一个产品的销售好坏完全取决于销售人员的所谓的"水平"，销售人员会骗，他的销售就好，销售人员不会骗，他的销售就不好，和产品的好坏没有太多的关系。而在互联网营销当中，营销人员的水平已经不是产品销售好坏的决定因素了。

既然是这样，那么我们就需要让销售没有任何的购买障碍，没有任何的购买风险，价值很清楚，风险很低，所以客户的决策就会很顺利。我们现在不是让客户购买，而是让客户试用。谁都知道要让别人试用比让别人购买产品要容易得多。一旦你的产品被别人使用，就要给人留下良好的第一感觉。

那么，你怎么能够塑造产品的"第一感"呢？如果你卖的是化妆品，你就需要有一个使用说明，通过你的使用说明告诉用户，你的产品会给他带来什么价值？他应该怎么样用。在他接触到产品之前，这些是必不可少的。如果你卖的是一个课程，更需要这样做。为什么呢？因为你不希望给用户第一感是一个实物，而希望它是实物背后隐藏的信息的价值。这个价值是不可能通过实物传递的，产品需要有一个很好的说明。

一个好的老师，在开始上课之前，他需要对这一堂课讲什么内容有一个总体的概括。为什么呢？一是让学生认识到这堂课的价值；二是让学生对这堂课有感觉。用户也是一样的，当用户拿到你的产品的时候，他自己需要琢磨透所有的东西，他自己琢磨的东西越多，你能够控制他的东西就越少。所以你要告诉他，学完这个课程他会得到什么。比如，这个课程总共分为四个部分，学完第一部分你应该得到什么，你能够怎样，你能够克服什么，你能够避免什么，这是他想要得到的；第二部分你能学到什么，第二部分和第一部分有什么关联，为什么你学完第一部分应该学习第二部分，然后配合起来，再就是第二部分在第一部分的基础上又带给你什么；第三部分又能带给你什么，等等。

很多人没有理解互联网营销的本质。首先我们要把营销的台阶给降下来，但是你的产品到用户手里要有一些工具配合。

比如上面说到的课程，如果有一些用户的见证，用户见证里包括了很多学员信息，他们是怎么学习的，给客户的感觉就不一样了。如果你列出了几个学员，学习了多长时间，并取得了什么样结果的话，那么，对其他没有参加的人就会有很大的影响，会让他们更快地下决心参加。我们测试过我们不叫用户见证，因为用户见证仍然有销售的痕迹，我们如果不叫用户见证，我们就叫作"给微商团队的学习建议"，然后列出一、二、三等几个见证，那就不一样了。如果叫"这是其他学习过银哥课程的微商领导人给您的学习建议"，又不一样了，为什么呢？这种感觉是没有销售痕迹的，是没有销售的，但实际上就是这样的，这些微商的领导人希望给新的微商领导人一些建议。卖课程是这样的，卖产品也是这样的，要根据人性做营销。

比如你是做祛痘产品的，你用了一个好的产品，也希望别人来用，如果你叫其他的人来作见证当然也可以。但是这样的话销售痕迹就会很重，但如果叫"使用过本产品患者给你的建议"，这个感觉就是你在帮助他，这就彻底消灭了销售的痕迹。其实用户是不喜欢销售的，他们听到销售是很烦的，用户看到销售人员是很害怕的，所以我们不能销售，而要把它变成为别人着想、为别人服务。

还有就是你的销售是没有痕迹的。既使你没有说我要销售，但你的所有行为上都是在告诉别人你在销售，如产品说明，这本来就是在告诉别人你在销售，这样也不行。所以，你一定要掌握一些案例中所显示的对人性的一种认识。通过一些案例，你就会看到不同的行业会设计不同的东西，不管设计的是一个工具也好，一种手段也好，还是一个活动也好，它都是要实现销售的功能的，但它并不是出于销售的角度去设计的，而是出于为用户提供帮助去销售的。我已经说过了产品到了用户那里，你要帮助他使用你的产品和服务，并且要在这个过程中让他得到价值。

如果你是卖化妆品的，如果用户不使用你的产品，是不知道你的产品的价值的。如果你是卖书的，假如用户购买了你的书籍往书架上一放，这样是没有用的。强调对别人价值的贡献，旨在说明你的销售到用户拿到你的产品时还远远没有结束，用户必须要使用产品才能结束；如果用户不使用你的产品，用户就得不到他想要的价值。

所以，作为营销人员也好，作为微商的领导人也好，要让用户很轻松地接受你的产品，并且去使用你的产品，让他从使用你的产品的过程中得到价值，这个过程是非常重要的。你在收到钱之后，如果还提供 90 天的"零风险承诺"的话，你要知道别人在 90 天之内是可以选择退货的，只有他在 90 天内使用了你的产品，并且他得到了价值，他才不会退货。但如果他购买了你的产品就终止了，他不消费、不使用，那也没用。

之前我给我的一个朋友设计了一个"零风险承诺"，提供的是三个月的数学课程，你可以从头学到尾，每星期有两次课，学到最后一天最后一分钟，如果你的数学没有进步，或不是像你想象的那样，你就可以要回你交的学费。但是有一个条件，就是你缺课不能超过两次。这个很合理，如果你天天缺课的话，那么没有人可以保证你学习的效果。我告诉他，这样的话他的整个课程必须得有一个总体的纲要，第一堂课干什么，第二堂课干什么等，三个月结束后一定能够帮助你实现你现在想要实现的目标，不管你要找工作，还是你要参加面试，你都能实现。我帮他把整个目标分成了十二个步骤，每一步都是向着整个蓝图靠近，一步一步靠近。这样的话就让用户觉得这是我要得到的东西，我现在每走一步就是更靠近我的目标了。

我之前说过，帮助用户认识到他得到的价值是非常重要的，就是你的产品如果能够给别人你承诺过的那个价值，那么他使用一段时间之后，就应该有一些进步；但如果你没有提示他这些进步的话，他就有可能会不知道，所以你要提示他的进步，这样的话他就可以认识到他自己的价值。不要小看提醒的作用，很多人学完课程之后并不一定认识到自己的价值，如果他认识不到自己的价值，他当然就不会觉得你的产品有价值。

　　帮助用户认识产品的价值，量化产品的价值，确认产品的价值是非常重要的。把你的目标化成一个个的小目标，然后让每一个目标有一个衡量的标准，这是一个非常简单的方式。当然也可以和其他用户进行对比，过去一些痛苦或者是烦恼，现在不存在了，那么这就是进步。过去无法实现的一些目标，现在可以实现了；过去很痛苦的东西，现在不痛苦了，这也是进步，也是成就，而这就是想得到的结果。你要让他意识到这个，一旦他意识到这个，他也就知道你的产品是有价值的。这就是互联网营销的核心。

　　互联网营销绝对不是在传统的营销基础上，多使用一些雕虫小技。做互联网营销一定要彻底改变你的思想，就是要把你的重点放在对用户的价值贡献上，但只作价值贡献还不行，还有很重要的一点是要让用户意识到你做了，这个很重要，不要认为这个不重要。有很多夫妻结婚很久之后，太太总觉得贡献得很多，但是先生并没有觉得太太有贡献，好像太太没有做什么，其实是因为太太没有帮助丈夫意识到她的贡献。我们往往做了很多之后，指望对方自己应该意识到，其实对方自己不一定能够意识到你的贡献，你要帮助对方去意识到它，他才会意识到你的贡献。这些帮助其实就是提醒他意识到你的贡献，你设计一些手段或者是阶段性的评估，或者是一些很简单的调查，其实也是为了让他意识到你的贡献。

　　我经常在培训的过程当中先让学员作一个调查，比如说你最大的问题是什么？你最想解决的 12 个问题，然后让学员们按照顺序给问题打分，认为最困难的打 5 分，认为不困难的打 1 分。上课之前可能有很多的问题，学员都会选择打 4 分、5 分，但是上完课之后再让学员给这 12 个问题打分，可能很多之前打 4 分、5 分的，现在就打 1 分了，这时候你就很微妙地提示了你的学员，他在进步。你不需要直接告诉他他在进步，但这个事实告诉了他他在进步，你只需要让你的学员把上课前打的分数和上课后打的分数对比一下，他就知道自己在进步。这个非常重要。

　　例如，你帮用户省钱了，在年终的时候你就需要告诉他，你帮他省了多少钱？因为也许你帮他省了 10 万元、20 万元，但是他并不知道。而只有他知道了他才会珍惜，只有他珍惜，他才会继续购买你的产品，其实这些都是非常容易的，你只需要改变一种思维模式，你不需要去欺骗别人，不需要去高压销售，其实你所想要得到的就是价值、价值、价值。帮助用户认识价值并量化价值，一步步地把大的价值量化成小的价值，因为大的东西大家往往感受不到。这些都是非常人性的东西。

我觉得营销一个很重要的地方就是通过一些案例去感悟一些人性的秘密，也就是人性的一些基本的东西，如果你感受不到这些东西，你的营销是无法创新的。之前有学员说，银哥，我们上课就喜欢你拼命地给我们讲很多的技术和技巧，你只要给我们一万个技巧，那么总有一个能够适合我们。我说，你错了，其实我为了给你一个适用你的技术，可能9999个技术都浪费掉了，我给你一万个，你也不一定能够创造出适合你的技术。

你只有了解你的用户，了解你的用户最喜欢什么，最喜欢做什么，用户对什么东西最感激，这些东西背后就隐藏着人性的秘密，这些秘密可能经过某种演化就变成了一个营销的工具。例如，你的用户非常喜欢奢侈品，或者很喜欢参加派对聚会，那么你就可以把一个派对办成非常高端的派对。总而言之，用户很喜欢什么，这背后就是人性的一种举动，说明这个东西对于他来说是有价值的，而这个东西对他的吸引力就会促使他去采取行动，而这个力量就可以被利用。

其实说白了，人性本身就存在着很多力量、很多驱动力，它本来就在动。人不是不动的，他本来就有选择、有欲望、有想要做的事情。他选择什么，就说明他喜欢什么；他赞扬什么，就说明什么对他有价值。在日常生活中，他喜欢什么，喜欢干什么，喜欢到哪儿去，就体现了他的欲望。我们只是把这种东西给它提炼出来，经过某种演化，把这种天生的、本来就存在的力量用来实现我们想要实现的目标。

我们不需要发明一些不存在的营销策略，我们只要观察我们的用户，他是不可能什么都不做的，如果他整天坐在那里什么都不做，没有任何欲望，那么这根本就不是我们营销的对象，因为他根本就不会去购买我们的产品。

我们必须观察我们的用户天天在做什么，什么是他需要的，什么是他不需要的，等等。

利用人性来做成交，很重要的就是你一定要抓住他的情感，没有情感的东西是不会有力量的。如果他特别想要什么东西，背后一定是有一种情感的驱动；他特别讨厌什么东西，背后也是有一种情感的驱动。所以，营销就是要帮助用户得到他特别想要的东西，避免他不想要的东西，这是人性的一个规律。

我们希望用户不断地出现积极的感觉，例如获胜的感觉，我们希望不断地提升成功的感觉。我们也希望不断地摆脱失败的尴尬，我们不喜欢，所以我们希望避开它，这是共性的东西。如果我们去抓住这个共性，把对人性的理解聚焦在目标用户上，那么营销就会很容易。什么东西让他兴奋？什么东西让他渴望？什么东西让他很想要，等等。我们每个人都会幻想，闭上眼睛开始设想，这些东西是我们的梦想，是我们想要的东西。什么东西又是让我们晚上睡不着觉在床上翻来覆去，这就是我们的痛苦。每个人都会有这种经历，晚上睡不着觉，这些东西才是真正驱动营销最核心的核心。我们设计的所有营销背后都含有这些因素，因此才能被驱动，并且还要把这种因素变成一种隐性的因素，而不是直接说"我要销售"。

如果你想成为一个营销高手，那么一定要研究你的目标用户，研究他们的情感，研究他们的活动，研究他们的爱好，研究他们的生活经历。比如说，一个母亲对待一个孩子，有很多微妙的情感在里边，很多母亲在别人面前都说自己的孩子怎么优秀，但是有很多母亲内心认为自己的孩子很普通，但她渴望自己的孩子很优秀，但她不会把这些告诉你。她面对别人，总说我的孩子很优秀，但实际上她觉得自己的孩子很普通，但当她看到别人的孩子很讨人喜欢时，她希望自己的孩子也能这样。如果你说我也有这样的孩子，说真的，作为父亲我很骄傲，我觉得自己的孩子很优秀，但是每当夜晚的时候我都在思考，我觉得我的孩子在很多方面都有不足，但我真心地渴望他能够优秀、能够进步、能够成为最聪明的。你把这种内心真挚的感情表达出来，就很容易和别人沟通。我想，当你真正触动了一个父亲、一个母亲内心最深的东西，这个时候购买就会变得非常简单。

其实每个人都一样，比如说，一个孩子的成绩不好，家长也很矛盾，他可能有那么一瞬间真的想放弃他，但是他又想，毕竟这是我的孩子，我有义务去帮助他，也许这个孩子经过努力，他能够成功。他不能丧失希望，这是人的一个本性，我们会沮丧，我们对很多经过努力不成功的事情，会失去希望，但是我们永远渴望别人能够给我们希望。例如，创业的人经过无数次的创业失败，内心深处总有一瞬间觉得完了，这辈子可能就这样了，但是它还有另外一个瞬间，他不会放弃自己，他希望有人能够给他鼓励，能够给他希望，能够给他自信，这是人性最深的东西。只要你触动了他这一点，你就触动了他的心灵。

例如做微商，有很多人经过无数次的学习如何去做微商，但是没有成功，他可能有放弃的想法，甚至真的想到过放弃，但是也有一瞬间他不想放弃，他觉得我真的就这么差吗？做微商真的有这么难吗？我就真的不如团队中其他的人吗？他不相信。他需要你的鼓励，需要你的一些情感的触动，每个决策都有情感的东西，我们的一切行为都是因为情感的驱动，没有情感的东西我们往往是很少去做的，我们几乎不会因为一个东西正确就去做。

很简单的一个例子，比如，你在马路上遇到无家可归的人讨钱，但为什么有时候你却视而不见、不给他钱，而有时候却会给他钱呢？你会给他钱其实就是因为他在那一瞬间触动了你的情感。同样的一件事情，为什么有时候你认为是正确的，有时候你却又认为不正确呢？关键就是在那一瞬间，它触动了你，当你被它触动时，你就会认为是正确的；当你未被它触动时，也许你就认为它是不正确的。但具体是什么触动了你，确实因人而异，每个人触动的不一样，但是一定是被触动了。所以，如果想成为营销高手，就一定要研究情感，并且通过你的语言能够塑造情感，能够影响用户的情感，能够激发用户产生购买的情感。

我们的行动不是因为我们理解了一个思想就去行动，而是因为我们感觉到一种强烈的情感，我们才采取行动。古希腊有两个演说家非常厉害，一个演说家讲完之后，所有的听众都说讲得太棒了，讲得太好了；而另外一个演说家讲完之后，听众都走了，把他自己留在那里。你希望是哪一个演说家？一个演说家讲完了，大家说讲得太正确了，另外一个演说家讲完之后人家都去干别的事情了，都把他忘记了。你希望是哪一个演说家？答案就在你心中。你希望用户和你聊过天之后，他就去做你想让他做的事情了，根本忘记了你的存在，这才是真正的营销高手。这两个人有什么区别呢？一个人强调逻辑，另一个人强调情感。

情感的驱使力量是非常强大的，我们的每次行动都是因为情感的驱使，比如说嫉妒，一个人处于强烈的嫉妒当中，一定会有行动；比如说痛恨，你非常恨他的时候，你会行动；比如说自卑，一个人处于极度自卑的时候会行动，也许是偷偷地行动。不管怎么样，反正他会行动，所以是这些情感驱使对方采取行动。我们作为营销人，当然希望我们的用户能采取行动，如果没有行动，什么事情也不会发生，我们希望用户采取行动，当然是从用户的角度出发，是对他有利的行动，但在他行动之前，一定要解码他的情感。如果没有刺激他的情感，他是不会采取行动的，所以一定要刺激他的情感。当然，情感是通过思想刺激的，而思想又是通过图片、文字等激发的，实际上我们的文字、图像激发了一种思想，接着思想就会激发一种情感，然后情感驱使他产生行动，我们要的是对方采取行动，但往往我们的文字没有激发他们的情感，因此就无法让他们产生行动。所以，无论做任何行业，你的宣传资料不能光追求看起来是正确的，看起来正确是没有用的，不仅要看起来正确，关键是要触动他的情感。

例如，你有一个产品要让用户拿去试用，下一步让用户交费，如果你没有给他足够的理由，他就不一定会交费。那么你必须想清楚这中间有什么过程，有可能出现什么问题，然后通过你的这些材料把所有的问题都解决，并且把价值塑造好。我们有的学员举办微商招商课，打了电话邀约参会人员，但是有一半的人都不会来，为什么？因为他忘记了，或者你没有足够的理由让他来。后来我教我的学员，上课的前一天给用户确认，比如说明天下午2点钟开始上课，并且告诉他我们有一个惊喜的礼物要送给他，他参加完这个课程之后别忘了到我们后台去领取这个礼物，这样一来他就开始想那个礼物了，所以他去的可能性就更大了，这样我们可以把不参加的人数降低到总人数的1/5，甚至更低。其实很多细致的东西是你必须要注意的，你的前一步要为下一步创造条件才更容易。

我们利用人性来做营销，往往很多时候我们没有认真地考虑。你的引流系统，你的成交流程，你有没有思考过？很多人在使用免费策略引流时，摆出一堆东西任人拿去，但如果你没有塑造你的产品价值，用户就不会有什么反应。系统化引流，包括如何设计成交的秘诀，都是《微信群招商成交密训笔记》一书中的一些独特的概念，但是它可以帮助到你聚焦到这个方面，聚焦到你的营销环节中去，最终实现成交。

移动微营销逻辑思维

移动微营销的逻辑思维其实是整个《微信群招商成交密训笔记》的核心，也就是我和大家分享的一个营销逻辑。这节看起来非常简单，但实际上揭示了所有的行业都普遍遵循的一个逻辑，就是营销必须要经过引流、成交和追销，如果节省了这些步骤，我们的营销就会出现问题。

1. 人性逻辑

从人性的角度去看，移动微营销思维的整个过程是非常符合人性的。营销就是要找到这么一群人，一群符合我们要求的目标用户，这群人在茫茫的大海里，也许他们在别人的杂志里，也许在别人的网站里，我们称之为在别人的"鱼塘"里。这些人对你来说是你想要的，但是他们正忙于他们自己的事情。如果你要到一个网站做广告，人家到网站来不是看你的广告的，而是去干别的事情，他到新浪网也许是看新闻的；他到金山网也许是去查字典的，总之他不是来关注你的，所以你要思考怎么才能从别人的"鱼塘"里让他首先注意到你。就像你到了一个火车站，火车站来来往往的人很多，但是你是学修电脑的，你需要解决的问题是谁家的电脑需要维修。

你怎么让别人注意你，这是第一步，然后你要考虑的是怎么让对方愿意跟你沟通，成为你的潜在用户。因为既然别人在忙着他们自己的事情，没有注意你，那么你必须想方设法进入他的思维模式，试图跟他对话。

举个例子：写广告的标题，文字链接是一个学问，实际上这是非常重要的一个学问，特别是在今天的微信公众平台，微信上有很多人，但是怎么通过一个链接才能够让他愿意点击，这是一个非常重要的过程。现在有很多人做这种文字链接，例如"三个月学会做微商，月入百万元！"这个链接当然有用，但过了一段时间人家会觉得不可信。这就相当于你到了火车站，你说我家最有钱，也许人家喜欢有钱人，但是跟脑子里想的东西没有任何的关系。当时我改了一个标题叫"为做微商付出太多！（点击见对策）"，点击率一下子提高了3倍。设想一下，为什么点击率能提高3倍？因为这正是他脑子里所想的，他去微信群学习做微商，买了很多书学习微商，觉得自己为学做微商付出得太多，但得到得太少，这就是他脑子里所想的，所以你问了他一个问题——"为做微商付出太多"，这正是他所想的，你还括号"点击见对策"，像是在跟他对话。原来的做法是你在说一句好像很惊人的话，希望他对你的这句话感兴趣，其实没什么效果；而后面的一种方法是你试图跟他对话，于是就有了效果，这是两种不同方式导致的不同结果。

我经常跟学员开玩笑，我说那些单身的小伙子你们找女朋友不要见到女孩子，就说你家很有钱，那不一定有用。你要想想这个女孩子在想什么，然后你试图跟她对话，这才是对的，才是有效的，你必须跟她对话，才能够与她建立信任。做微商，你喊一嗓子，希望人家对你这句话很震撼，但是吸引的不一定是你真正的目标用户。

当我们最初从别人的"鱼塘"引流时，你必须百分之百地从对方的角度思考你要说什么、给什么，然后他才能进入你的引流系统。当他进入你的引流系统时，你给了他最起码的信任，就相当于你跟他打了个招呼，他现在跟你说话了，给你最起码的信任了，至少不会认为你是无理取闹，所以他才跟你说话，进入了你的引流系统。但这时候他对你的信任和怀疑是并存的，他不会购买你的产品，此时你必须再给他对他来说有价值的东西，你说了第一句话吸引他了，第二句话说的最好跟第一句话能联系上，如果你第一句话说的是东，第二句话说的是西，那么人家可能马上掉头就走了。换句话说，就是做一个文字链接，如"为做微商付出太多！（点击见对策）"，然后人家点击进入到你的链接。接着你说：哦，我知道你对做微商感兴趣，但我想你也许有高血压吧？我们是卖治疗高血压产品的，这样他很可能马上转身就走了，现在有很多人浪费很多钱在做这样的广告。我在网上看过最逗的一个文字链接，他做了一个网上商城，让大家在网上购物，然后他每天花好几千元在迅雷上打广告，它的链接标题是："北大教授逼新婚太太上网交易"，点击这个标题的人肯定很多，但点进去的有几个人真的会在他网上购买东西呢？所以这样的文字链接是没有用的，你是让人进来了，但是进来的这些人并不是你想要的目标用户。

整个引流不仅要抓到数量，更重要的是要有质量，这样的话引流才能把你想要的目标用户抓到，然后通过不断地增加信任，进行一个尝试性地成交，最后不断地成交、再成交，这样的话用户也就满意了。当然，你的产品要能够兑现你的承诺，不断地成交，最后形成用户重复购买。对你的信任应该不用说了，信任使他最后成为你的用户，如果有别的产品，你可以向他们推荐别人的产品，这是需要足够的信任的。

这个过程为什么说符合人性呢？其实这就和交朋友是一样的，茫茫人海中，你遇到一个人，也许他是你的朋友，但你最好做一件事情或者说一句话，让他觉得跟你有志同道合的地方。他因为对你的信任，也许坐下来陪你聊了一会儿天，也许你约他一起去购物，或者一起喝咖啡，最后你可能请他帮忙，要帮的忙不太大，他帮你做了，再让他帮你更大的忙，他又帮你做了，帮了很多次忙，很不错，于是他成为了你最好的朋友，然后你也在帮他。这就是从一个不了解你的陌生人，到最后成为你最好的朋友的过程。人家付出的时间或其他的代价，如果对你不信任，是不会做的，所以交朋友的这个过程不可能第一次见一个陌生人就向他借 100 万元，人们从来不会这样做，但是却有人向陌生人卖价值 100 万元的东西。

有这样一个故事，有一个人是卖美发厅的加盟模式的，有一套美发厅装修等之类的模式，售价是 20 万元，他有大概 2 万个用户，全是做美发的理发员，然后向他们卖 20 万元的加盟模式。他一个一个地打电话，卖 20 万元的代理，最后一个也没有卖掉。

于是他问一个老师，说为什么卖不掉呢？那个老师说，怎么可能卖得掉呢？我说你的问题很大，首先人家都不知道你是张三还是李四，你一下就向人家卖价值 20 万元的东西，可能吗？你可以告诉他，美发厅可以赚钱，可以很快地赚钱、很轻松地赚钱，你有一份策略书会告诉他怎么去开美发店，然后让他打个电话来免费领取，如果他对你这个策略书感兴趣的话，这是可以的。但你如果是让他马上给你写一个 20 万元的支票，这种可能性几乎是没有的。

整个的引流过程中直接进行成交，而且这么大额度的成交是不可能的。所以在这一个章节，我讲的就是必须按照人性来进行设计成交。

2. 商业模式

我在做了这么多年的培训当中发现，几乎所有的公司都是按照本章的营销思维模式运行的，但是即使按照这个模式，每家公司的运作还是不一样的。比如房地产公司，很显然他追销的机会不多，或者它根本就没有做追销，就是一锤子买卖，一般的房地产公司都没有系统化引流，就是通过报纸、传单宣传，拼命地做，然后来了一大批人，大概 1‰ 的成交率，但是它的成交额很大，所以它能够坚持下去。它有一个漫长的过程，成交额很高，经过一个过程仍然能够坚持下去，这就是房地产的商业模式。还有一种商业模式，就是像麦当劳这样的，麦当劳就是靠重复购买，他的大量的用户是重复购买的。

每一个微商团队都要考虑自己的商业模式，虽然营销的思路相同，但都要考虑自己最赚钱的地方在哪里。销售不能做一锤子买卖，还是要把重点放在追销上。其实这跟你交朋友是一样的，是把和朋友之间的快乐更多地放在后面，还是开始就要占足便宜？很显然，如果你开始就想占便宜、骗别人，那么这种事情是坚持不下去的，所以，你必须把你的重要利益放在后端，其实一般的生意都是靠后端赚钱的。

如果要做到追销，那么整个商业模式就需要创新，这个创新，首先是选择什么样的用户，满足用户一个什么样的需求。事实上，我们希望用户要满足的需求能够有无穷多次购买的机会。我给你举两个微商生意的例子，一个是美容，一个是减肥，纯粹从商业的角度来评论，如果是你，你更愿意拥有哪个生意？美容还是减肥？很显然是美容，因为美容是重复购买的，而减肥呢？当然现在的做法也是重复的，但不是在你这里重复，因为当他们使用你的产品没有效果的时候，减肥却还要继续进行，由于对你的产品已经失去信心了，就会到别人那里去试试其他的产品，如果还不行的话，她还得到另外的人那里再去试试其他的产品。真正有效的减肥一次性就完了，之后就没有了，或者一段时间就没有了。相比之下，美容还要继续，所以最好的生意是不断地重复。为什么是这样呢？作为一个微商人，我们最头疼的地方是寻找新的用户，因为寻找新的用户变得越来越困难，成本越来越高。所以，如果我们能够把后端做得非常好，就相当于我们把前面找用户的费用最大限度地平摊掉了，因为引流找到用户对于营销来说是最难的一个环节，所以打造后端可能是最有效的营销方法。

还有一个原因就是，我们作为营销人，作为微商人，希望改变别人的无论是人生也好，还是提升别人的生活质量也好，你都只有不断地给别人提供价值、提供更大的价值，你才能对他产生更大的作用。如果是一锤子买卖，那可能效果就会低一些。所以从追求效益，追求人与人之间的这种关系角度来说，你都需要打造你的后端，如果要打造后端，首先你就需要选择你的后端，对你的产品和市场作一个非常好的选择。

来看下面几个案例，会更好地体现这一点。

案例一：

　　电视购物在美国是一种很流行的模式，包括现在的微商第一平台摩能国际，它的董事长蒋德才先生以前也做过电视购物。做电视购物，比如说一套保健品，卖 400 元。原来的商业模式是做一个电视广告，我们大家都看过 15 分钟、30 分钟的这种电视广告，广告做完之后，用户就打 400 电话去订购，基本上是这么一个模式。但我有一个做电视购物的朋友把这个模式作了一个修改，把这套保健品的价格从原来的 400 元降到了 40 元，然后他还会给打电话的用户三个选择，比如用户打电话来拿到他的 40 元的订单之后，再卖给他一个 100 元的产品，然后再卖给他一个 200 元的产品，有三次连续追销的机会，就是他把追销放在了电话上。之后，他每两个星期还有一次的电话追销，之后再通过邮件追销，再通过产品目录追销，每个月再给他邮寄一本杂志进行追销。原来的模式是单一的方式，就是花钱做一个电视广告，销售价值 400 元的产品，用户就是选择购买，还是不购买，一锤子买卖就完了。

　　其实很多企业做电视购物都是亏钱的，因为做电视广告需要花很多钱，如果没有足够的人打进电话去购买的话，这个广告就会亏钱，因为除了制作，播放的费用也很高。所以上面那个做电视购物的朋友把 400 元变成 40 元，然后在电话里实现三个追销，分别用价值 100 元、200 元、400 元的产品进行追销，然后再进行后期的追销、再追销。为什么这个方案比原来那个方案更好呢？很简单，因为他把价格从 400 元降到 40 元，这时电话的呼入量提高了 20 倍，因为门槛降低了。然后，他在电话里追销，电话里追销的成交率不等，有的可能是 30%，有的可能是 20%，有的可能是 40%，就会有不同程度的成功率，其实前面电话呼入量增加了 20 倍，他就已经赚了，但是电话里还有追销，这些追销都是白捡的钱，他还有后面的每两个星期一次的电话追销等一系列的追销。

他修改的这个模式就是把重心放到后面了，就是说虽然都是同样的营销思路，但是你想好了在哪里赚钱，你赚钱的难度和数量都会不一样。

案例二：

有一位朋友，他是一个写文案的高手，有一次写了一个文案登在《洛杉矶时报》，花5万美元登了一个整版。他这个文案是卖一个大概800美元的仿制宝石，他花了5万美元登了一个整版的广告，然后大概卖出去100个左右，也就是8万美元的成交额，他5万美元的成本，后来他算了算，不亏钱，但也没得赚。所以他觉得这件事不值得做，然后就放弃了，并且把这个文案给扔掉了，再也不干了，因为他觉得不赚钱。

还有一个朋友，他并不是一个写文案的高手，但是他是一个策略高手，他和上面那个人说你这个文案不用了，那我拷贝下来我用，那个人说可以。然后他就把这份文案稍微改了一下，他也卖800美元的仿制宝石，最后他只卖了六七十个，实际上他还是亏一点点钱，因为他还有其他成本。但是他做了一件事情，就是他在别人发送这个仿制宝石的包裹里夹了一封信。他说你看到了这个仿制的宝石，和我在洛杉矶时报的广告中描述的一样，很漂亮。但是你看到之后可能会觉得比较小，因为假宝石比较大。我们有一部分用户看到这个宝石之后觉得太小了。不如这样，我们现在有一款真的宝石跟这个仿制的宝石一模一样的，也很漂亮。如果你决定购买的话，你把这个仿制的宝石退给我，我就给你寄那个真宝石，价格我给你减去那个仿制宝石的双倍价格，也就是优惠1600美元，我们这个真宝石是5000美元，也就是只需要再寄3400美元给我，然后这个真宝石就是你的了，结果有15%的人选择购买真宝石。

后面这位朋友找到了一个赚钱的方法，他就是靠广告上的那个文案，再加上发货时的这一封追销信，把这家公司做成了一家一年赢利2000万美元的公司。第一个朋友放弃了，因为他没有后来的追销。但仔细想一想第二个朋友，他开始只成交了 60 多个人，只卖了 4.8 万美元，实际上他花 5 万美元的广告费用，成本其实是小亏。但如果成交的 60 人中有 15% 的人，也就是 9 个人选择了真宝石，就是选择给他寄 3400 美元，再加上原来的 60 个人左右选择 800 美元的仿制宝石就完全不一样了，区别就在这里，就是通过这个后端的追销把利润提高了。

这个商业模式有什么好处呢？就是他的竞争对手不知道他是怎么赚钱的，竞争对手认为他是傻子，都认为那个东西没用，之前人家用了一下不行，但实际上它的作用在后端，所以追销是非常隐蔽的。怎么追销，追销什么，何时追销，对方是不知道的，就是这么一个简单的营销思路，就可以设计出很多不同的商业模式来。所以，你的产品如果卖不掉，是不是可以降低一些价格，把追销加上去，这样就完全不一样了。我经常告诉做微商的朋友，一定要走出微商的圈子，再来看待微商，一定要记住做微商不只是一个产品，而做微商也是一种商业的思维逻辑。

案例三：

我有一个朋友，他是做培训公司的，他的培训课程分为三个阶段：初级班、中级班和高级班。当时他的情况是这样的：公司每年大概培训 2000 人，他当时作过调研，2000 人当中的 40% 会选择初级班，上完中级班之后还有 20% 会选择再上高级班。他的收费是初级班 600 元，中级班 1980 元，高级班 8000 元。对于这个模式，他当时问我怎么解决做大的问题，我当时就给他出了一个很简单的主意，就是通过"零风险承诺"和超级赠品，把选择中级班和高级班的比例提高。增加了"零风险承诺"和超级赠品之后，上完初级班选择中级班的人数比例从原来的 40% 提高到 80%，继续选择高级班的比例也提高到了 80%，甚至到了 90%。这就是说，通过打造无法拒绝的"零风险承诺"，最终提高了成交率和追销的效率。

还有一个问题就是在何时进行追销，他以前就是初级班上完了再推中级班，这时候其实已经晚了，于是我让他在初级班上到1/4~1/3的时候就开始推他的中级班，因为学员报初级班时，他的梦想就被激活了，他不是想学习微商，而是希望通过学习，把微商做好了能够改变他的命运。那么这时候让他交一小部分定金就会很简单，比如，1980元的课程只需要交500元或者1000元作为定金，并且这部分定金可以退，然后你就可以选择一个赠品。即使最后退定金，你已经领取的赠品还是你的。

根据人性，我们知道当他向前迈了一小步，那么让他再迈一大步就容易了，如果你没有先让他迈这一小步，而是直接让他迈一大步的话，那就很难。通过一个交定金的方式，就可以很容易成交。这样的话我们的一系列措施包括提前推中级班和高级班，然后初级班和中级班一起设一个套装。初级班、中级班和高级班一起又设一个套装。各种各样的组合，再加上"零风险承诺"和超级赠品，我们在很短的时间内就把成交率提高到80%，很显然，用户数量没有增加，但是利润增加了很多。

我们还做了另外一个调整。为了保证续班率，我们把初级班的价格降了下来，降到了400元，把中级班的价格提高到了2680元，高级班的价格定到了12800元。有没有明白为什么要做这么一个调整？第一，他的第一瓶颈是因为他的续班率太低，所以我把这个续班率的问题解决了，前面就说明100个人进来就有80个会选择继续上中级班。第二，其中的64个人还会接着上高级班这个比例决定之后，我现在想赚钱怎么办？这时我就必须放大前端，让更多的人进来才行。

因此我要把初级班的价格降下来，那么前面进来的人就会更多，但是我损失的利润就要到后边去补回来，所以要把后边的中级班和高级班的价格提高。但后面的价格为什么可以提高呢？有很多人都在搞价格竞争，但我说了没有价格竞争，真正的竞争是价值的竞争，就是用户没有看到你的产品的价值，没有看到价值是没有风险的。这里有两个事实，第一，对价值的感知就是用户在作购买决定的时候，你有没有把他对价值的感知生动、形象地描绘出来；第二，他对这种价值、得到价值的确定性有多大。

　　用户在报初级班的时候，风险是很大的，因为他还不了解你，但是到了中级班的时候，这种风险明显降低了，他通过初级课程对你的产品的价值感受更多，这时候他对价格的抗拒明显降低。所以，没有价格抗拒，只有价值和风险的抗拒。另外，很多人都觉得有竞争，但是当你把初级班的价格降低了时，你的前端竞争力就会很高，对竞争对手来说，他没法和你相比、相竞争，所以你的竞争力就会很强，你就能吸引更多的用户。但竞争对手不知道你是怎么赚钱的，因为他不知道你有80%的续班率，他不知道你有"零风险承诺"和超级赠品，他不知道你是在课程上到1/3前就开始推其他班的。利润就是在这个转变过程中产生的，就是说他从原来的2000人变成了4000多人，设想一下这是什么样的一个变化。你的利润就是初级班，中级班和高级班的利润发生了变化，但是总的利润是巨大的，而这也是你想要的。

　　这个例子对每个人都适用，我怎么能够调整销售流程，在什么时候贡献价值，在什么时候成交，这样我就可以把整个系统建立起来并且优化，这就是整个系统内的环节。这就是一般人看不到的，如果我们还不了解这样的一个营销思路，还是按照原来的做法的话，所有的人都集中在怎么能够让更多人进来，但不知道进行调整，进行利润的分配。

　　作为一个公司老板，或者是一个微商团队的领导人，不是说在某一个产品上一定要赚死，而是整个系统要优化。整个系统更重要，尤其是前端和后端要配合起来，把利润放到后端，这样的话你会发现你的营销有很多变化的机会，这是很多人都需要思考的。我现在的产品作为前端的产品，别人最大的价值感知如何？别人眼中的风险是什么样的？是不是成交很难？我有没有选对最容易成交的产品？把普遍接受的产品往前推，然后把高价值的产品放在后面，当用户对我们有足够的了解和信任之后，再去销售高价值产品会更容易。

这就是一个商业模式，表面上你看不出来的东西，但实际上它中间蕴藏着巨大的变化的玄机。如果你做微商，有很多产品，你就可以把各种产品形成一个组合，这时你就可以有很多种售卖的套数。例如，产品套装 ABC，三个加起来是一种卖法；当然你购买了 A，买 B 就可以享受 20% 的折扣优惠是另外一种卖法；你购买了 A 和 B，C 可以免费赠送，又是第三种卖法。有很多种不同的组合构成了你的利润。

3. 顿悟营销

我非常喜欢"顿悟"这两个字，因为我信仰禅宗已久。顿悟是禅宗的一个法门，相对于渐悟法门，也就是六祖惠能提倡的"明心见性"法门。它通过正确的修行方法，让人迅速地领悟佛法，从而指导正确的实践而获得成就。当然这不是唯一途径，顿悟更主要的是通过灵感来完成，就时间来说可能是瞬间。

实际上人类所有的创造性思维都带有突发性，因此凡创造性思维都可以称之为顿悟，所以在"顿悟营销"中，我们要训练自己的思维模式，思维模式是最重要的。

曾经在我的课堂上，一位学员学了三天两夜，始终不知道如何落笔写文案，每次写的时候，他说他不知道怎么开头。我说你的学习方法错了，你在课堂上学了很多东西，当你运用的时候，你不要把它死记在脑袋里，你会想：我写文案必须这样开头，老师讲了一共有七种开头的方法，我要用哪一种呢？你不能这样，你需要把你在我这里学到的知识变成一种思维模式，而当你使用的时候你要忘记它。使用的时候你要记住什么呢？你要记住的是我在和一个陌生的用户沟通，我要用什么样的方式使他最能够接受呢？什么样的方式是他能够采取、他应该采取的，或者我希望他采取的行动呢？而不是说银哥讲了，有 10 个驱动，我要用哪个驱动呢？这样就不行了。

所以最重要的是改变你的思维模式。前边我们讲了很多道理，然后你把它和你理解的人性的东西整合在一起，最后变成你自己的一部分，当你再用的时候就会得心应手。它有一个这样的过程，但是这个过程需要一点时间，可能某一个想法就会触发你的一个新的创意，之后再把它想起来，在这个过程中就会关联到其他的东西。

我最想强调的就是，在这个过程中要反复训练你的思维模式，你要看我是怎么思考一个问题的。你应该从对方的角度去思考，你想让他做事情，他不关心你想要他做什么，你想要他做的跟他没有任何关系，你关心的是他每天在思考怎么满足他自己的欲望，怎么能够解决他自己的痛苦，你只能成为他问题的答案中的一部分。这是一个点，就是要进入他的世界，帮助他去实现他的梦想，要借他本身已经存在的一个行动的能力——梦想，就是他本来就有梦想了，他本来就会为他的目标去努力，本来他就会为了解决他的痛苦去努力，你只需要把你自己放在他解决痛苦的路线上，或者是实现他所渴望的一个方向上，他就会采取行动，所以你永远不要考虑说什么才能说服对方，你始终问自己给什么才能让对方明白，购买你的产品和服务是他唯一合理的选择，是他认为怎么样，而不是你认为怎么样？如果他没有这么决定，就说明他没有看到你的产品和服务的价值，同时说明他心中产生了怀疑。

4.赚钱机器

无论是打造一个企业，还是打造一个团队，或是打造一个人，其实都是在打造一个赚钱机器。它有不同的组成部分，有引流的部分、成交的部分、追销的部分，前端连接别人的"鱼塘"，后端是你自己的"鱼塘"，实际上也会连接到另外的赚钱机器上，最终就是你借用别人的"鱼塘"。记住，别人的"鱼塘"实际上是别人的后端，你自己的"鱼塘"实际上是另外一家公司的前端，整个经济就是有一系列的公司、一系列的赚钱机器经过这样串联的方式形成的。所以，我们的团队，我们的赚钱机器和别人的赚钱机器始终要互动起来才行，就是通过巧妙地安排这个赚钱机器的各个部分，并且协调在什么地方盈利，在什么地方提高用户的信任。

假如把营销比喻成一场战争，引流就是获得别人信任。你需要投入，让别人信任你，那么成交就相当于实现真正的战争，就是别人愿意信任你所有的承诺，并且看到了你的价值，然后愿意和你进行交换。追销就是进一步交换，这就像战争一样，虽然三场战役都在打，但是哪一个是关键的环节，哪一个才是决定胜利的关键战役，往往是一个将军需要看出来的。也许一个带团队的团长一直在作战、要打胜，但打胜的意义不一样。

本书一直在强调将引流、成交和追销这三者进行巧妙配合，这才是一个真正微商群成交的终极法门。引流可以不赚钱，但是引流必须要向成交的方向，向推进别人对我们信任的方向。营销始终需要做两件事情，我们也反复强调了，假如你找到了目标用户，你所找到的确实是你想要的目标用户，那么他之所以不购买你的产品，通常就是两种原因：一种是他没有看到你的产品的价值，也就是你给他描述的价值不够有吸引力；另一种是你根本就没有描绘他想要的价值，你不知道他想要什么，他最大的痛苦是什么。

我在前面讲的人性和营销会帮你找到对方的最大需求。例如，很多人做营销都认为团队没有钱要省钱，所以省钱是团队的第一动力。其实错了，团队的第一动力是降低风险，如果你干的任何事情都没有任何风险，那么你们根本不缺钱，如果一元钱能够变成两元钱，如果有足够的时间，它会变成很多钱。但问题在于，这个过程中，某一个决定你做错了，所以就产生了负面的效果。因此，我们每一个带团队的微商领袖最担心的是没有效果，你今天花20万元做一个电视广告有没有回报？不知道！你花钱雇一个培训老师，花多少钱不重要，关键是你不知道他所讲的是不是你想要的，能不能给你带来价值。所以首先是确认价值，然后再用生动的语言描绘、塑造这个价值。这是成功很重要的一点，这是拉动一个代理商往前走很重要的一点。

另外一个就是风险。风险有很多种，比如，你做的是心脏移植手术，那么这个风险可能就是付出生命，如果做不好很可怕。营销中有很多风险，你怎么能够去降低风险？首先确认别人需要这个产品，然后降低风险，就是确保他能够得到价值。

如果你从营销的活动本身出发，一直在做提升价值和降低风险这两件事情，那么你的营销就是在正确的方向上，你始终不断地给你的潜在用户塑造价值，描绘价值，让他看到你的产品价值，让他看到你团队的使命，团队努力的方向，你们做事情的方式能够增加用户对你们的信任。所以，用户第一次接触到你，最后不管他多少次重复购买，价值和风险都是你要面对用户的两点。当然，如果他重复购买了很多次，也许风险对他来说几乎已经不存在了，就是说他知道你始终以他的利益为主导，他知道你是关怀他的，是爱护他的，是没有问题的，所以他知道你不会骗他，因此在风险上就很小了。那么这时候你就要集中精力去创新，去创造新的产品或新的营销方式。所以从与用户之间的关系来说，你始终要往这个方向去走。

5. 分析对手

我们可以观察一下周围的那些企业是什么样的。比如说一个餐馆，赚钱的方式就是三种。一是地理位置。如果它在一个卖场中央，在一个人流比较多的地方，那么它自然有很多的人流量，餐馆要赚钱，就是靠人流量。二是这个流量会有多少人来吃饭。如果你是开麦当劳餐厅的话，吃麦当劳的大部分人都不是因为麦当劳的味道好就去购买，而是因为他的时间有限，吃麦当劳比较方便，所以想去麦当劳吃的人数比例会比较高一些。三是这些人会不会再来。今天吃完了会不会再来，多长时间来一次。一个团队是否赚钱，最重要的三个因素分别就是优化、倍增和续值，也就是说这三个因素的乘积决定了你的利润。

在任何一个平台、一个公司、一个团队，你看它的引流的数量，一个网站你看它每天来多少人，一个微信号你看它有多少的好友，然后成交的比例是多少。假如你的网站上第一次来的陌生用户，你第一次销售给他一个100元钱的产品，多少比例的人会购买。微信营销也是这个道理，购买之后，你通过什么样的方式继续追销，追销的频率怎么样。

这就决定了你的团队的赚钱能力。但区别在于，每一个企业到鱼塘中引流的方式不一样，这种方式是需要摸索，需要测试的。比如你去大学校园实现你的引流，这是一种引流方式，但大学校园的引流可能有一些规律，有一些步骤是必需的。再如你用这种方式在书店里进行引流，那又不一样，用户对书店的信任和对校园的信任是不一样的，书店的老板推荐你的教育产品和校园老师推荐你的教育产品的效果也不一样，这本身的性质就不一样。书店推你产品的步骤和学校的步骤也不一样，学校把你的产品和它的教学很好地结合在一起，而书店就没有这种机会。所以每一个企业的引流方式不一样，成交的额度也不一样。如果你在书店里没有这么多信任，你还一定要以这么高的门槛成交，那么你会出问题的。但所有的这一切，都是在这样的一个思维上进行演化的，每个企业演化的不一样，就是引流的方式不一样，成交的方式不一样，追销的方式、频率也不一样。

我希望每个人都养成这个习惯，看到一个企业，如果它做得很好，你要思考为什么；如果它做得不好，你也要去思考为什么。我们在学营销的时候很重要的一点就是有很多赚钱的模式是看不见的，就像我们前面分享的那个仿制宝石的例子，你光看它的广告是看不出来他是怎么赚钱的，所以我们要成为他的用户，就是要购买他的产品，看他对你采取什么样的措施，他是怎么追销的？他会在什么时候向你追销？每次追销有几种产品？它的具体的文案是什么？等等。这样你就是模仿他的用户，走完他的整个过程，你就知道他是怎么做营销的。

其实研究对手最好的办法就是成为他的用户，所以，我们以后不管碰到什么类型的公司，大的也好，小的也好；批发的也好，零售的也好；做产品的也好，做服务的也好，我们都要养成一个习惯，就是去研究它。例如美容美发店采用充值卡的方式做得比较多，它们在什么时候会推充值卡，然后充值的时候会送什么赠品，这都是每个行业会有的不同的、具体的技术，但是所有的思路是一模一样的。

从现在起，要养成这样的敏感度，就是要养成观察别人是怎么做营销的。一个好的公司它是怎么做的，差的公司没有做起来又是为什么，它的问题出在哪个环节，是不是因为它没有很多的潜在用户。比如有的公司根本就没有潜在用户，一直坐在那儿等，大部分人开店开完了之后都是坐在那儿的，然后什么也不做，指望用户一不小心钻进他的商店，而且用户进来掏钱就购买，这种可能性是非常非常小的，所以你必须要学会主动出击。

还有一些公司来了很多用户，但却无法成交，其中有很多原因。比如，它没有"零风险承诺"，没有把价值描绘清楚，如果它没有去描绘价值，那它的产品是不是标准化的，是不是展示得很清楚？有没有超级赠品？在最后一瞬间能不能促使用户采取行动？

接下来是追销。大部分的微商团队，从来没有用户名单，不知道用户名单是什么，来了就来了，走了就走了。收集名单是非常重要的一个环节，你的后端之所以成立，用户买完了你的产品之后，你还有机会向他追销是建立在你可以再次去接触他的基础之上的。你给他打电话，你得有他的电话号码；你给他写邮件，你得有他的邮箱地址。如果你想拜访他，你必须知道他住在哪里。但很多团队没有这样的用户信息，大部分微商团队根本没有整理用户名单，人家没有理由再回来你这里购买你的产品，而你也没有办法给别人更多的价值，让别人认识到应该回来，所以每一个环节都有很多具体的技术。

两大成交的哲学

1. 免费策略的哲学

大部分人觉得应用免费策略是为了提高成交率，是为了让更多人体验你的产品，吸引更多资金。其实这是一个误区。免费策略的最大目的是完善自己。

很多人觉得使用免费策略会付出很大，而且一旦实施后就等着回收免费策略所带来的用户。因为他在想，我用的免费策略都已经损失那么多了，我应该等着很多人体验我的产品之后来买我的产品。错！你应用了免费策略之后应该更努力，比竞争对手更努力。免费策略是给你提供你和用户互动的一个平台，通过和用户的互动，发现哪里需要改进，哪里需要完善，帮助你更好地完善自己。

在这个过程中，你要获得用户的信任。免费完之后，你要很努力地去完善自己的产品。但是大部分人用了免费策略之后他就不努力了，他觉得这个免费策略就是他自己"放血"了，其实你用了免费策略之后，你该怎么努力还应该怎么努力。

我们知道360杀毒软件，360这个软件是免费的，你难道能说它不好吗？360浏览器、360卫士等，我觉得很好。当然360浏览器是主打安全的一个概念，你不得不承认360这个公司是十分了解上网人的这种心理需求的，它在商业模式上非常厉害，它完全免费，而且免费的产品还做得很好。

如果你现在的产品和服务很普通，决定免费，我建议你在这个免费过程中洞察你的目标用户的特征和目标用户的需求，让你的产品与服务变得更好，这才是你应该做的。而且免费之后你应该更努力，这样做怎么会不强大呢？你不可能不强大！

我知道大部分人都很懒，你可以身体很懒，但是你的大脑不能懒。我个人认为360浏览器有个非常好用的服务，就是在线收藏夹。这个在线收藏夹完全是在免费的过程中洞察到用户的需求而推出的一个服务，浏览器的功能都是它的数据库，所以它的浏览器功能已经转移到一个网络收藏夹的功能了。这些竞争对手不知道吗？难道没有其他的免费竞争软件了？但竞争对手免费之后，觉得自己付出了很多钱，或者投入了很多人力物力，就不努力了，这就是懒惰。也许你会说360的后台有一些负面报道，但你不得不说它洞察用户的需求和特征这个能力很强，它完全把这个产品的功能转移了。

大家应该把自己的生意上升到一个模式的高度，一流的人做模式，二流的人做产品，三流的人做服务，也许这个话说得不够准确，但大致是这个道理。

比如，有的人是做充值服务的，有的人是做化妆品的、做保健品的，他通常只是把他的思维局限于他的服务和产品上。把大脑思维只聚焦在服务和产品上就很难去做优化工作。优化是有一个极限的，假如你这个产品和服务都被淘汰了，难道你和你的产品和服务一起消失吗？你不想那样，所以你要跳出你的产品来看产品，应该纵览整个行业，纵览你的产品的上下游资源，纵览你的产品的发展，了解你的产品是处在一个怎么样的位置，能不能有一个更好的定位。

可以说大多数的产品能够有更好的潜在功能，但都没有发挥出其全部的功能，有百分之七八十的产品的潜在功能都没有被挖掘出来。所以，你应该对你的产品和服务有一个更外层的认识、拓展空间的认识，你不是做这个产品和服务的，而是做这个价值链的。你唯一想做的决定就是你想把这个价值链做得多长，把这个价值链做得多久。这是个"链"的感觉，我的思维很多就是这个链的感觉。在这个时候，你的成功或者你的第一桶金就成为了一个必然。虽然这是一个必然，但是你还没找到这个链，只有找到这个链的时候成功才是一个必然而并非偶然。我分享我的营销思维，就是要你一定能成功，如果你有这个思维，那么你的成功就只是时间的问题，可能就是一个月、两个月甚至是半年，而且你不是一般的成功，你是很成功。

很多人为别人打工，也有的人有自己的产品，但大部分人都跳不出来，都局限在产品里边。局限在产品里边，你赚的钱是有限的，因为你看到的价值是有限的，而你看到的东西是有限的，那么你就没有一个透视的能力，再加上你的文案能力，你的口头表达能力转化又不高，你的成功就会变得很艰难。

总体来说，免费策略目的是完善自我，完善自己的链条，完善自己产品与服务的功能。能够更好地提炼出产品或服务功能，这是你的任务和使命。另外我也希望你的产品和服务从某种程度上要能改变某些人的命运，无论你是何种产品或者服务，你可以从某种程度上改变用户的命运，能够这样的话你就又上升了一个高度。

当你从改变人的命运的角度去思考产品和服务的时候，你的事业选择面就太宽了。你可以选择很多产品和服务，你在谈合作的时候成功率很高，而且所有人都会认同你的梦想和计划，所有人都想加入你的梦想和计划，这些加入你梦想计划的人又可以帮助你不断完善你自己的个人优势，以及帮助你打造核心故事。这样，你就完成了一个更好的跳板式借力，你的成功是必然的。你是不可能不成功的——如果你一步一个脚印去做的话。

2. 卖点选择的哲学

有的人认为营销是冲着一群人进行的，比如杂志、广告就是冲着一群人的。事实上，这一群人的需求都是不一样的，你的产品有 1、2、3、4、5 个卖点，对应三个特征人群，那么第一个人群可能会把 1、2、3、4、5 个卖点列出来；第二个人群可能列出的卖点是 2、3、4、5、1；第三个人群列出的卖点可能是 3、4、5、2、1。每个人群关注的重点是不一样的，不同的人群会有不同的卖点，所以需要有几种不同的卖法。

一种卖法是只卖一个卖点，产品只有一个卖点，但你把它的价值塑造得很好，然后向这群人去卖，等卖到最多的时候再换一个卖点，然后再一个一个地测试。这是一种卖法。另外一种卖法就是把产品所有的卖点糅合在一起，然后向一群人卖。

我的一位朋友的观点是只卖一个卖点，他说如果这样你的效果会更好，在整个营销策划中，你花所有的精力都在塑造一个点的价值，这个点会非常有价值，当一个点完了之后，你再换一个营销模式，诉求另一个卖点，直到某些点可能没有价值为止。另外一种观点就是把很多卖点糅合在一起。我的这位朋友曾经做过测试，在美国有很多教别人如何打高尔夫球的录像，很多人说我既教你打得很远很直，然后我也教你打得怎么怎么样。但他做了这样一个策划，只卖我怎么教你打得又远又直，他的理论很简单，他说打高尔夫的人 90% 可能并不是什么高手。所以他认为核心卖点就是打得又远又直，因为大部分人可能那一竿都打不出去，而且打得不远不直，他说那可能是最核心的需求，其他的东西，都无所谓，所以他主张把你最有吸引力的卖点塑造好，你就能够打动很多人，然后再换一个卖点。

我的另外一个朋友，他的主张是选择几种最核心的卖点，把它们糅合在一起，但不要超过三种，就是你的角度不要超过三种。如果角度超过三种的话，会有几个问题，如果角度太多的话，有些人会觉得这不是给他的，对他不实用，所以他就不看了。这里边有一个很重要的观点，比如他做培训的链接广告，然后写一些跟培训没有关系的标题，反正会吸引最多的人，他说反正广告费一天是 1500 元，我吸引的人越多，当然对我越有利，反正我也不是按点击付费的。我说你错了，你吸引的人是你最需要的人才有价值，否则没有价值，如果你吸引的不是你想要的人，他进来很快就走了。

当我们讲营销策略要抓住注意力的时候，我们会分解为什么抓住注意力、保住注意力和锁住注意力三者要全部协调起来才有用。所以，我的观点是营销诉求一个最大的卖点是最好的，如果你的一个卖点的模式被摸索出来之后，你再去测试一下其他的卖点也是有必要的。最终市场对什么样的产品有反应，需要通过测试来找到答案，测试完了自然可以解决，理论是没有用的。

让你利润倍增的秘密

1. 八大追销秘诀

前面我给大家多次提到了追销，那么本节将给大家系统地讲一讲什么是追销。追销有以下八大秘诀：

一是增销。增销就是说他买了一个东西之后，花了 100 元，然后你说我们还有 150 元的版本，价值是那个 100 元钱的两倍。可见，增销就是在原来的销售额的基础之上去提高销售额。

二是搭销。搭销跟增销是有区别的。增销是提高用户购买的金额，比如用户原来要买 1000 元的低价东西，通过你的营销策略，最后他花了 5000 元买了高价产品，这叫增销。而搭销是指卖完一个产品后又卖了另外一个相关的产品。就像用户买意大利西服后又买领带，这是搭销。

三是减销。你给他 100 元钱的东西，他不愿意购买，那你就可以试图卖给他 50 元钱的东西。比如你卖西服，一件高档的西服他不愿意购买，你就推荐低档的西服，他就可能愿意购买。这就是减销。

四是再销。再销就是有一些产品可以重复购买，比如消耗性的产品，他购买了一个月的量，你可以再卖他三个月的量。再销就是重复销售同样的东西。

　　五是跨销。本来你卖的是培训产品，现在你卖了一台电子设备，跨到了另外一个产品类别，这就属于跨销。跨销能够实现的前提是你的潜在用户非常有可能购买另外的产品，因为它们是相关的。如果你是卖面膜的，那你向用户推荐衣服，这就叫跨销。

　　六是捆销。把两个产品组合后，捆在一起卖，如果用户买你的组合产品，可以得到某些优惠。这样你给用户更多的选择，你也就有更多成交的机会。例如，A 产品 100 元，B 产品 100 元，C 产品 100 元，如果你购买 A 和 B 组合，C 就等于白送了，这就是捆销。

　　七是赠销。就是你现在已经购买了 180 元，如果你再多买 20 元，然后我们就送你一个价值 50 元的赠品。实际上你也在销售这个产品，只是作为赠品的形式来销售出去。

　　八是锁销。锁销就是锁定会员，锁定他一年、两年或者更长时间的消费，然后给他一个非常巨大的优惠，通常除了折扣，我们会给他一个赠品，并且赠品最好是高价值、低成本的赠品，用户有一个什么样的心理呢？就是他今天交了一年的钱，你说好，你现在每个月来理发都可以省钱了，或者每个月来购买东西都可以省钱了，这当然挺好，但是他交给你钱了，他什么也没拿到，他会觉得不舒服。所以如果有一个赠品，再加上省钱就会非常好，就是他交完钱之后，还可以拿一个赠品回家，将来还可以继续省钱，这个概念会吸引更多的人。人们有一个习惯就是，他交了钱，就希望拿到东西。

　　下面重点谈一下锁销。

　　锁销是一个非常重要的武器，每个企业或者团队都应该想办法做一个锁销的计划。其实每个企业或团队都可以做锁销。现在全国的理发店都在卖会员卡，全国的按摩店等也都在卖会员卡，还有很多商家使用充值卡，其实这就是锁销——锁定你了。中国移动最牛的营销策略就是锁销。如 168 元套餐锁销你，但是很少有人锁销了之后会全部用完它的产品和服务。比如购买 168 元套餐，可以每个月打 500 分钟的电话，但很少人真的打了 500 分钟。这就是我们的一种心理，就觉得我可以没有限制地使用产品和服务，但实际上没有限制你却从来都没有用。这就跟自助餐一样，觉得68元好便宜，但是你消费的钱，从来都不到68元，所以这是人们的一种心理。锁销是一个很重要的营销技术，比如说很多人发代金券，你现在花1000元就能购买2000元的代金券，但是有相当多的券最后被丢掉了。很多这样的券最终都会剩下一些，没有被使用。你不相信你可以去所有的美容店和理发店问有没有这样的会员。有的会员充了5000元，你认为他会用完才消失吗？不会，他可能中途就搬家了，他搬了之后说我原来的地方的卡还有20元钱还没消费完，我得去要回来，很少有这样的人，说不定他一搬家那个卡的事儿就忘了，认为好像是打折，但实际上没有打多少折。不难看出，锁销有无穷多的变化，锁销本身就是一个很神奇的营销技术。

锁销的设计一定是无法拒绝的，我们发现有一种锁销方式很简单，就是说你现在进我的店里来免费理发，然后你又升级了一个套餐，比如说要收100元，现在有一个1000元的充值卡，六折优惠，如果你现在充值，之前的100元就不收了，这时他觉得很好，就做了另外的项目，充了这个1000元的卡。

这一步很轻松，为什么？因为在他的心里我免费享受了服务，将来还可以用那个1000元的产品和服务。其实他一旦交钱购买了升级套餐，就意味着他必须要来，他本来是有很多选择的，也许他刚搬到这个小区，他有很多选择，但是一旦他购买了1000元的充值卡，那么他就已经没有其他选择了，他就选择你了。当然，这时你仍然需要提供高质量的服务，假如说你的服务仍然能够像他想象得那么好，那么他现在已经没有理由拒绝你了，当然等他的套餐快用完，你还要向他追销1000元的卡，然后再加上个赠品。当他的1000元钱用到还剩200元的时候，你当然还得向他追销5000元的卡，这叫一层一层跟进，最后等他变成了5000元卡的时候，他就变成你的一个铁杆用户了。

但是，不要单纯地从技术层面去理解这种做法，这种做法好像有很多把戏，其实这些都是要建立在为用户创造价值的基础之上，没有价值，所有这些产品都没有用，我们要把这种选择从用户的角度变成一种没什么值得思考的，这就是最好的选择。我喜欢这个理发店，我喜欢这个理发师傅，他剪得很好，我每剪一次60元，我现在充了1000元，我最近又不会搬家，那么我享受六折，我为什么不要呢？所以，你一定要为用户创造价值。

让这种锁销变得更有趣的、更无法拒绝的方法是，任何时候你觉得不想继续了，我们可以按比例退给你钱，你用了多少算多少，没用的部分我们还给你，也就是你不想继续的时候可以拿回余款，但是你前面白白享受了这个VIP会员的优惠，那这样他就更没有后顾之忧了。为什么很多人在充500元钱的时候在想，万一我用不完呢？万一我搬家了呢？你说没关系，你现在可以享受优惠的权利，但却没有被"套牢"的顾虑。很多顾虑就是他交钱那一瞬间的顾虑，但最终他真的搬家了，他会来退余款吗？实际上真正退的比例并不多。

怎么把你的锁销变得无法拒绝，其中有很多因素。你记住，你的所有因素的设计，必须围绕着人性，围绕着他真正的担心、顾虑和困惑。如果你的设计不能够围绕他的担心、顾虑和困惑进行，那么就没有价值，你这个设计对他而言是没有意义的。

所以，当我们跳出微商，用其他的营销方式再来看微商的时候，你就会有更多的思路，你会发现微商不仅仅是通过一部手机在进行的一种交易、进行的一种游戏。用更多的企业的思路去做微商，你会有更多的出路，你会有更多的方法，会让你的微商越做越好。

2. 追销时机把控

追销时机的把握是非常重要的，要等前一个成交已经定了你再决定，不要在前一个成交还没有完成就去向他追销。比如，他进来免费理发，然后交了100元享受一个200元的升级服务。他一边在做头发，你一边向他销售，这让他感觉很烦，那么成功率就会很低。等他理完发之后，明显觉得很满意的时候，在他觉得值钱的时候，你再进行追销，实际上就更容易了，你的成功率也会更高。这和我们在微商当中的追销是同样的道理。

所以，这个时机的把握很重要。一定要把握好时机，如果他满意，那你推动他的速度会很快，如果你的价值塑造得好，确实让他感受到这个价值，那就不需要再强烈地销售。如何把握追销的时机是可以测试的，营销有很多因素是可以测试的，比如你进行追销时，是追销他500元的产品，还是800元的，还是1000元的、5000元的？这个都可以测试的。然后，是有赠品还是没有赠品？是A赠品还是B赠品？是送杂志还是送化妆品？是在他理发的时候追销，还是在他付款的时候追销？是由你们的理发人员来追销，还是由收款的人来追销等？效果都不一样。这很多因素都可以测试，而且具体到每个人的业务都不一样，答案是什么我不知道，但是答案一定是在几个组合之中某种平衡的点，需要通过测试才能够知道。

所以，我们在做微商当中一定要记住，一定要团队作战，一定要分工明确，今天是你来塑造产品的价值，我来追销，他来收款，还是其他的一个组合，一定要去设计。将团队中每一个人的优势发挥到极致，将追销的时机把握到位，那么成交就会易如反掌。

3. 描绘蓝图

描绘蓝图是追销中一个非常重要的技术，因为大部分人都模模糊糊地有一个蓝图，比如，我为什么要购买这个东西？我为什么要参加培训？没有人只是为了参加培训而参加培训。没有人说我钱多没地方花了，就想买一个结婚戒指，其实他的结婚戒指对他来说，就是让别人看到他的戒指就知道他是已经结婚的，是成了家的人的，他有一整套的思想，他有一个梦想。但在现实中，99%的人无法用自己的语言描绘他究竟要实现一个什么样的梦想，比如他买电脑也是一样，他没有说没事干了买一台电脑，买电脑也许是他为了享受一种自由的网上生活，也许是他为了享受一种通过电脑解脱他办公上的一些负担。总而言之，他有自己的一些需求的蓝图。所以，我们需要用我们的语言来描绘他的蓝图，以及他的需求。

当你描绘清楚他的蓝图的时候，实际上他所要购买的是你所描绘的这个蓝图，而且更重要的是，这个蓝图会推进他不断地向前走，从某个方面就是为你的追销、为你的后端作好一个铺垫。这里让大家了解的不只是购买这一个产品，如果你随便描绘一个蓝图，并且你告诉对方说这就是他需要的，这样会让他无法接受。所以你在描绘蓝图的时候，语言刚好是他想要描绘的，也就是说，他想要表达而又无法表达出来的这种蓝图，他才会接受，也就相当于接受你将来在帮助他实现蓝图的过程中所推出的各种各样的产品。

永远不要直接卖产品，卖的应该是一种未来、一种理想、一种梦想。卖面膜也好，卖保健品也好，卖瓷器也好……没有人只是说买瓷器当容器用，其实买它是增加一种生活的情调，是一种新的生活方式，这代表着他会怎样生活。他的家居摆设是什么样的，他就会有一个什么样的生活态度、什么样的生活格调。

第五章

团队：微商长远发展的基石

微商团队与组织的区别

我们的每一件事或每一个生活细节都可能游走在组织与团队之间。为了工作的需要，我们可以快速地组建一个工作组织，但却不一定能快速组建一个工作团队。

很多时候我们会有意识地说我们的团队怎样，其实微商组织与微商团队的区别是很大的，可很多人还是经常将两者混为一谈。为什么会将两者混淆？如同我们有时无法区别传统的人事管理与现代的人力资源一样，因为团队与组织之间有着较多的共同性。

两者的共性主要有三点：其一，两者都是有组织、有纪律的一个单元；其二，两者都是由多人组成（至少2人以上）；其三，两者都有一个基本的共同目标或使命。鉴于此，很多时候人们会将组织与团队合二为一。

组织与团队两者的主要区别有如下四点：其一，工作表现。微商组织中侧重于成员个人能力与个人结果的表现；而微商团队在资源、信息共享的基础上，侧重于团体的整体业绩，共同成长。其二，相互配合。微商组织中成员自己优先，只有在自己达成目标的前提下去协助他人或是迫于组织的权力而去帮助他人，很少有主动自发去帮别人的。在微商团队中，成员之间主动配合度高，为使团队达成目标，可以牺牲个人利益，甘做幕后英雄助团队成功。其三，工作责任感。微商组织中，由于彼此的配合度低，强调各自守好自己的"阵地"，突出个人的利益。可能一个微商组织中，人人都是人才，但由于互补性不强，最终是每个人都达成了个人目标而团队目标却未达成。微商团队强调新的"木桶原理"，桶内的水不仅取决于最短的一块木板，更取决于木板之间的接合度，即使木桶的各木板等高，但由于木板与木板之间接合不好——有缝，依然无法盛水。因此，微商团队重在整体业绩达标，强调个人与个人之间的高度配合，强调团队成员共荣共辱。其四，技能、技术。在微商组织中，成员的技能、技术是随机的，或者说相互之间是保密的，而在微商团队之中是共享互补。

组织与团队两者的关联性是：微商团队是建立在微商组织之上，微商团队成员与微商组织成员相比，要求有较高的修养与内涵，更乐于奉献与学习。

微商团队成员选择

微商团队的成功取决于团队成员的选择上，选好每一个团队成员，对于一个团队的建设来说至关重要。

选好团队成员，依岗定员是首要点。在选成员时，我们要依团队特点明确每个岗位人才的核心点，主要可依岗位工作说明书的方式进行明确。在与候选人交谈之前，先草拟职责简介，有针对性地与其沟通，重点是个人特质与岗位特质的匹配。在用人上不能带感情色彩，切不可因某个领导人认为 A 适合团队的某个角色，就由 A 来担任这个角色。

对于准成员，我们要对照其个人的具体情况，侧重挖出其软性的内涵。可由准成员对未来角色的认识写出个人见解，拟定个人适合的特质，有针对性地进行考察，这样可以提高工作效率，可以进行情景模拟，不可只听其夸夸其谈而名不副实。

微商团队在人才专业技能要求上，一般情况下对选定的成员要求一专多能，且成员之间最好形成知识、技能互补，不可因欣赏某个特殊技能而忽视了其他不足，要认真考虑到他们的缺点。在一专多能的要求上，也不可吹毛求疵，人无完人，可根据成员过往的经历找到类似的过错，看其解决的方式或能力，力求在选人时做到全面考虑。

每个人都有自己独特的工作与生活方式，特别是成年人，他的某些习性可能已无法改变。在选人时要注意其为人处世的方式与方法及和团队的沟通方式是否相融。注意！任何为人处世有不足的人都不适合成为团队领导，也不能期望他们可以在工作中克服自己多年来形成的某些不好的习惯。对于这些弱点要认真审视，否则会给团队今后的发展带来阻力。

通过综合考虑及深层次的挖掘，在全面了解了准成员之后，还要了解准成员在角色中能给团队带来最大的贡献是什么，以及成员在今天的工作定位与发展，是否会同团队长期合作与成长。

团队领导在选人时不仅要从以上几点出发进行考虑，还要考虑到优秀成员在团队中作出贡献后的奖励。如某成员在某项技能上作出贡献，团队不及时给予奖励，他也许会离开团队。这在选成员时就要考虑到。

微商团队发展的五个阶段

一个良好的微商团队，如同一个有机体，是有生命与意义的。生命有开始，就会有结束。微商团队也是如此，没有一个微商团队能保持长久不衰。微商团队的发展大致会经历如下五个阶段：组建期、磨合期、稳定期、成效期、衰退期（终结期）。

组建期：微商团队成员虽然是经过了精心的筛选，但团队成员刚进入到一个新的团队，还是会对职责规则和团队的期望不熟悉，可能成员之间的经历与能力彼此也不太了解。在组建期，团队可以多运用社交活动和小组讨论的方法开始团队工作，比如新的成员加入，可以组织全部成员在微信中开个"见面"会，让彼此基本了解对方。

磨合期：由于微商团队成员来自五湖四海，所以彼此都不太了解，会因各自不同的目标及个人的能力、见解的不同而产生冲突。这种事情在团队磨合期经常会发生，也许成员之间本无他意，只是个人平时的工作方式、表述方式不同罢了。在磨合期，团队领导要在团队中快速树立起自己的威信以排解冲突，如遇事情，要及时地进行沟通与反馈，尽量将成员拉到同一个步调上。

稳定期：成员经过一段时间的磨合，彼此之间有了更深的了解与配合，对团队的工作方式达成了共识，正常的工作秩序得以建立。这个时期，作为团队的领导要注意，不可因此而让团队进入"和平"的死胡同。要多引导成员进行工作创新，鼓励成员建立一个创造性的工作模式，发挥出自己独特的一面，为团队的稳定发展提出新思路、新点子，稳中求发展。

成效期：微商团队的发展经历了前三个队段，成员之间能自觉地做到高效合作，彼此的认同感与对团队的忠诚度、依赖性也得以加强，此时是团队出成效的时期。团队成员能积极地、有创造性及有成效地一起开展工作。作为团队的领导，此时应允许并鼓励成员个人和小组以自己的方式开展工作，让其不仅感受到工作的成就，更能感受到团队对他的信任，让他个人的价值得以实现，最终达到团队价值与团队成员价值的完美结合。

衰退期（终结期）：一个团队的目标与价值可能会随着某项工作任务的完成而结束，团队会因此而解散、结束使命。

微商团队角色

微商团队中的每个成员都有自己的特长，他们之间的技能通常是互补的，每个成员在团队中可能担任不同的角色，同一个角色担任者不会太多。

团队领导者：通常是团队的队长，是团队中主要的协调者。主要作用是及时发现新成员或其他成员的新特点、新技能，并提高团队合作精神。队长要具备敏锐的思维判断力，对每个成员的才能和个性有着敏锐的嗅觉；要有良好的个人魅力，善于鼓舞士气，激发成员的工作热情；有极强的说服力与感染力，是一流的外交家。清楚团队任务之间的关联，能合理地处理事情的轻重缓急，能熟练处理团队内外相关的各种突发事件。

评论者：也是团队的顾问或谋士。主要作用是能使团队成员长久高效地工作，他们是监护人和分析家，通常独立于团队成员之外，主要由团队的高层领导担任。他们有着足够的专业水平与开阔的视野，能在团队处于困惑之际给予合理性的指导及提出建设性意见，指出改正错误的可行方法。他们是分析方案、找出团队弱点的专家。他们有一种居高临下的俯视团队的态度，提出团队问题时总是铁面无私。

执行者：他们处于团队的最前沿，是一线工作人员，也是团队任务完成的主力军，在团队中不可或缺。主要作用是保证团队任务的推行和圆满完成。他们必须做到思维条理清楚，是天生的生物钟，在团队工作中能依自己的能力预见可能发生的拖延情况，并及时作出预防与报告，为完成团队任务作出实质性的贡献。此外，他们还要时刻保持按时或提前完成团队目标的心理准备，遇到困难能够克服并重整旗鼓。

外联者：团队对外的服务与窗口，也是团队对外的公关者或联络人员。主要作用是负责团队的所有对外联系事务工作，为团队目标的顺利完成创造良好的外围支持。要求对团队工作有整体了解，在处理机密事务时能小心谨慎，具有良好的外交才能，善于判断他人的需求，做事真诚可靠。

通常情况下，一个成熟的微商团队主要有以上四个角色，但依团队的作用与性质可能还会有参谋（工作助理），来维持和鼓励团队的创新能力；或者还有监督者（一般也是领导者兼任），以保证高质量完成团队工作，等等。

微商团队常见问题分析

微商团队是由多人组成的，因此不可避免地会有人为问题出现。团队出现问题也属于正常现象，关键是要找到问题的核心点，并及时加以改正。

问题一：领导过于放权，领导错误地认为培养团队成员的自主性的最佳方式是自己少介入，让成员有更大的发挥空间与创意，当团队遇到问题时也尽量由团队成员自己解决而非领导出面。这样过于放权可能会使团队的发展偏离原来的轨道，因监管不力，可能会形成无组织状态，不利于团队的良性发展。

问题二：主要成员不稳定，团队的核心成员（特别是团队中的领导）频繁更换，不利于团队的稳定发展，主要是公司高层领导低估了核心成员的重要作用与影响力，特别是当后调入的管理者（核心成员）的管理思想（处事风格）与团队发展格格不入时情况会更糟，可能会使团队无法正常运转下去。

问题三：阶段性高层流失。少部分领导为了突出阶段性的成果而造成内部矛盾，导致高层管理者流失，这对团队的杀伤力是致命的，会让员工对团队有种"鸟尽弓藏，兔死狗烹"般的悲观与失望，即使没有人员流失，团队成员也会人心不安。毁灭了团队经过多年发展所建立的忠诚和使命感，最终将导致一场致命的"智力流失"，对团队的可持续发展极为不利。

问题四：团队协作性不强。团队成员在工作中过分执着于表达自己的工作方式与表述意见，常不会考虑其行为对其他成员造成的影响。在执行某项工作时，协同力很少，即使是开会也常常是会而不决、议而无果，得不到实质性的成果，长时间下去会让部分成员心不在焉。给人的感觉是该团队傲慢无礼与冷酷无情，这样也很难得到外界的支持与帮助。

问题五：沟通交流不畅。团队成员之间不能真诚地交流信息，分享彼此的资源与能力，导致工作停滞和效率低下，对那些不能有效合作的成员又不能作出坚决而有效的处理，致使团队之间的向心力分散。

问题六：成员能力不均等。少部分能力强的人在团队中发挥了较大的作用，承担着团队的主要责任，而另一部分成员则对团队不闻不问，特别是当遇到不明智的上司时，会让有能力的成员对团队逐渐失去信心而离开团队。要知道，在一个团队中，成员的能力应该是互补的。

如何面对团队冲突

在一个团队中，团队成员的类型会有多种，下面就几种主要类型予以分析。

第一，逃避型。

在微商团队中，有一部分人能力不错，工作态度还算良好，能达成团队协作，也能较好地完成分配的工作任务，在平时基本能对团队的发展起到良好的维护作用。可是，当团队出现问题时，他们基本上是不关心或者不参与，而是等待问题的出现。面对团队问题，他们的共有特征是：逃避。

在团队问题的讨论会上，这部分人也能清楚地知道自己的角色，能记住自己的工作任务与职责，他们认为没有人会对自己的意见感兴趣，因此不如不说，努力让自己处于中立，力争做到明哲保身，避免一切可能的麻烦。但他们会专注于自己的工作，并尽可能地做好本职工作。

逃避型的成员给人一种良好印象，人们会把他们看成是小心谨慎、勤奋工作的人。他们用自己的谨慎与认真，也能引起别人的关注，几乎不可能卷入团队政治斗争中去，并会因此而受到褒奖与同情。因为他们注重明哲保身，所以做事情时不可能冒险或有什么新创意。因此，他们在工作中不会全身心地投入到工作中去，同时也会给人一种无大能耐的印象，人们不会太相信他们有能力。团队中有重要事情需处理时，基本上也不会给其机会参与。

在这方面，《西游记》的四人团队中，沙僧基本符合这一角色。沙僧勤奋能吃苦，任劳任怨，万里取经路，行李一肩挑。可是当遇到妖怪时，几乎没有他的事，都是由孙悟空与猪八戒去处理。虽然他与八戒能力不相上下，但也只能是看看行李，即使八戒不想去，悟空宁可逼八戒去也不要沙僧同行，因为师父与悟空不相信他的能力。

逃避型的成员，由于自身的原因而不被组织重视，因此在团队环境中常常因不被信任而感到非常沮丧。由于逃避冲突，他们会作为一个有贡献的团队成员退出，去"看守行李"，根本没有机会直接参与处理一些事情。在困境中，也更情愿自己单独去做简单而重复的工作。

第二，妥协型。

在微商团队中，可能你会激情昂扬，想大展宏图，可面对来自团队的各种压力与冲突，你如何处理？我通过这几年的微商团队培训，发现近八成的成员都选择了妥协。

妥协，对于微商团队来说，是一种无奈的选择。人们在妥协之前，都曾努力地寻找过支持自己观点的人，他们并不想轻易放弃自己原有的想法。在妥协与否之间，多数人都有过强烈的思想斗争，但迫于无奈，最终还是不得不选择放弃，随波逐流。

多数人是为了自保，认为如果不会影响自己的话，就同意别人按照他们自己的思路做，特别是在不熟悉环境的情况下，自己会很信任地让别人带头，也许他们是微商行业的"老油条"，不想做太多"无谓"的牺牲，有时也会发表自己的观点，但更多地却会保留自己的意见。

妥协，是一种生存方式。妥协型的人知道，无论何时能与别人良好相处都比自己发表观点更重要，很懂得行业的各种游戏潜规则。他们的成功秘诀是知道自己何时该放弃，何时该象征性地坚持。

妥协高手们多数是微商团队的"大众情人"，人人都很喜欢他们，不会被别人当作有威胁或制造麻烦的人，是一个很好的团队成员，有良好的人际关系，能做到左右逢源。在团队中积极能干的人会把他们当作老好人来对待。而他们自己，也往往因为这种特殊的身份，而不可能全身心地投入到工作中去。

微商团队妥协型的代表人物非《西游记》中的猪八戒莫属。在这四个人的团队中，如果少了八戒团队将会失去至少50%的光彩。正是八戒的有效妥协，才让这个徒步行走十万八千里的团队，在途中不那么无聊而平添不少乐趣，顺利地完成了取经的大业。

微商团队中常妥协的人，会由于缺乏果断而感到压力，进而失去斗志。如果一个人太容易妥协，那就会面临着在应该坚定立场时也放弃的危险。虽说这类人会被看作活得很轻松、很开心，但由于随大溜，对团队的贡献比应作的贡献少很多，最终只能成为团队的一个"开心果"。

第三，面对型。

微商团队是一个集体活动，当遇到冲突时，虽然有人会选择妥协与放弃，但问题总需要有人面对，也许面对时会困难重重，但只有面对才可能解决问题，团队才能较好地发展与前进。

面对型的成员，都会在关键时刻非常坚决地表达自己的观点。他们充分相信自己的能力与胆识，一旦相信自己有能力或理由充分时，就会果敢地表达出来。这种胆识与能力常常会引起人们的注意，可能会引起别人的反感，但他们却仍然会充分地肯定自己。

在面对型的成员观点里，都有着特别强烈的好胜心理，他们认为妥协与逃避都意味着软弱与无能。他们更相信自己就是英雄与救世主，如果在这个团队中少了他们，团队就会无法前进与生存，他们是团队中不可或缺的中坚力量。

面对型成员在考虑问题时，可能更多的时候会考虑团队与自己本人的利益，因此常常会使团队的管理显得有些杂乱无章；常给外人一种团队带头人的感觉，显得喧宾夺主。由于他们的能力与爱好表现，其观点也会影响到团队成员，无形中让其他成员遇事时都会优先考虑到他们而不是团队的领导。

面对型的成员个性非常鲜明，爱憎分明，让人觉得是一个非常固执而又不愿听取别人意见的人，好似一个刺头。在解决问题的同时也会制造许多不必要的冲突与麻烦，这样会使领导不开心却又不得不让着他。

面对型的成员，最为典型的代表是《西游记》中的孙悟空。他对团队有所贡献的唯一方法就是彻底表达自己的观点与想法，并在领导与其他成员都不支持与理解的情况下，仍然会不顾一切地坚决执行下去，不太会顾及师父和师弟们的感受，因此也少不了会"头痛"。我认为他的"头痛"，主要源于师父的好面子与八戒的忌妒，这也是面对型成员在团队中常有的结局。

面对型的成员对团队的发展虽然是功不可没的，可由于强烈的个性与表现欲望，更多的是突出个人能力而弱化了整个团队的实力。

第四，合作型。

在微商团队工作中，遇到各种各样的冲突是不可避免的，也是团队不可能回避的问题。最为有效地解决各种冲突的办法是团队成员之间广泛地进行合作。

合作型的成员特别希望尽量在问题的解决方案上与团队达成一致，齐心协力，上下一心，观点一致，使团队的力量最大化。

合作型的成员把处理内外部冲突当作达成目标的一个首要任务来看待，认为集中所有成员的力量就能得到最好的办法。因此，能用心听取来自团队每一个成员的观点，从各人的观点中总结学习到一些新的东西，以求解决问题。

合作型成员相信集体的力量，坚持在行动之前听取每个人的意见，除非每个人都能接受，否则不会轻易地下决定。合作型领导充分体现出团体的整体意识，注重民主集中制式的管理。

能坚持合作的人，在团队中能较快地显示出领导力与个人魅力，让队友感到他是一个好领导、好合作伙伴。他能帮助并发展他的队友，也能在重要的问题上提出自己精辟的个人见解，特别是在团体意见不一致时，能快速建立最强大的联盟，使他在团队中快速脱颖而出并形成强有力的向心力。有时由于他们的慎重，在外人看来可能是在浪费时间，更有甚者认为他们是一个骗子、一个软弱无能的人。由于他们的慎重与尊重每一个人，可能有时会放弃自己的某些想法，在某种情况下他们的作用也会显得相当微弱。

合作型成员能顾全大局，懂得以退为进的工作方式，这方面典型的人物代表莫过于我们伟大的总理周恩来。周总理在各种活动与事项中无不显示出其强大的合作精神与宽容大度。在国内与国际问题的处理上，他认为所有的团队成员都在工作，这种鼓励对当时的中国来说是很重要的，积极参与推进了中国在世界的地位。正是周恩来总理所具有的广泛合作精神，才使中国快速在国际交流中占得一席之地。

微商团队裂变法则

做微商关键在于实现裂变。这也是微信营销真正的威力所在。而要成功实现真正的微商裂变，就一定要有自己独特的思维，更要紧的是一定要沉下心来，脚踏实地。微商裂变的中心，在于信息的广泛散布，以及朋友圈口碑。

所以，想做好微商，中心只有一点，保护好现存用户，做好口碑，最后成功实现以老带新，完成裂变闭环。

如今的微商，80%的人已经走上了纯炒作不干事的道路，这种营销方式，不论什么样的都是短线路线，是不可能真正成功实现裂变的。做微商，操作上简单地说不过只有几个步骤。

第一，积累种子用户。

不论什么微商裂变，都是需要一定前提的，那就是一定要有一定数量的种子用户。一般来说，实现微商裂变，朋友圈的好友数目至少应当不少于500人。这500人，还应当是你的潜在用户，也就是精准用户，而不是那种"打酱油"式的用户。

第二，做好内部实质意义保护。

找到500个精准的目标用户，你要做的事情实际上十分简单，就是做好内部实质意义上的保护，然后把这500名用户从弱关系转化为强关系。转化方式很多，中心点都是一个，那就是你要投入资源。与其把资源耗在虚无缥缈的人身上，还不如把这些资源实打实地用在这500名用户身上，有了资源的加持，这500名用户就会不费吹灰之力地变成你的强关系。

第三，按部就班裂变。

有了500名精准的用户，并且都是强关系的精准用户，对于做微商来说，已经完全可以引爆信息、广泛散布，成功实现微商裂变。一个微商的裂变，其实都是一个按部就班的过程。做微商，我们要做约略率事情，不要做小概率事情。

什么叫约略率事情？譬如，经过一个老用户对口碑广泛散布带来三个用户，就是一个约略率事情。也就是说，只要你足够用心，一个老用户是绝对可能给你带来三个新用户的。

什么叫小概率事情？就是没有坚实的基础，老是希望通过一点短线操作的思维和办法，想瞬间就引爆朋友圈，变成一个微商红人，变成微商圈的代表人物。

如今，众多微商，一谈起微商的成功案例，几乎都把焦点集中在那些小概率案例上。这些小概率的成功案例，不是微商真正应当学习的楷模，换言之，走小概率操作路线的人，成功概率会非常低。

走约略率的操作路线的人，成功的概率会大很多，这固然需要很长时间。不过只要你确实在实打实地做微商，在一个一个地转化用户，当你的用户转化到一定数量，真正的裂变就是水到渠成的事情。

做微商，要立足自我，做好长线操作的计划，脚踏实地，不受短线操作的诱惑，只有这样，你的每一步才会真正走得坚实有力，你的微商之路也才会花开遍野。

下面，我通过解析微商团队结构图，来跟大家分享一下微商团队裂变的方法，如图 6 所示。

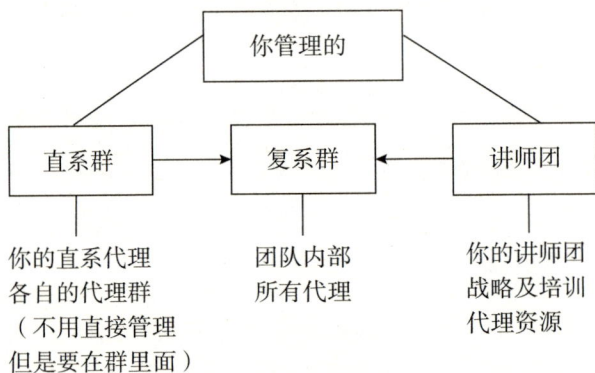

图 6　微商团队结构

首先建立一个代理群，将你的直系代理都拉进去。其次再建立一个大群，把你团队的人都拉进去，你的直系及他们各自招的代理，也都拉到这个大群里。最后是你的直系代理们又各自建起他们自己的直系群，让他们自己去管理，你作辅助。这个群你不一定直接插手管理，但一定要在里面。群的结构如上，管理也如上，你把这几个群给管理好，把你的直系、核心的人给管理好就可以了。总群可以安排讲师团内训，总之你要明白，你需要抓住的是最重要的那批人。

有一个微商女王团队，她们建立了不同的群，并实施不同的管理，每一个群选出一个班长配合管理，并且她们分事业部群、总代群及复系代理群（所有代理群）三个不同的群来进行管理。最上面的人管理好事业部群以及总代群，将复系代理群（所有代理群）交由事业部群的人管理，并且群规不允许互加。在这样的分层管理下，团队秩序井然，如图7所示。

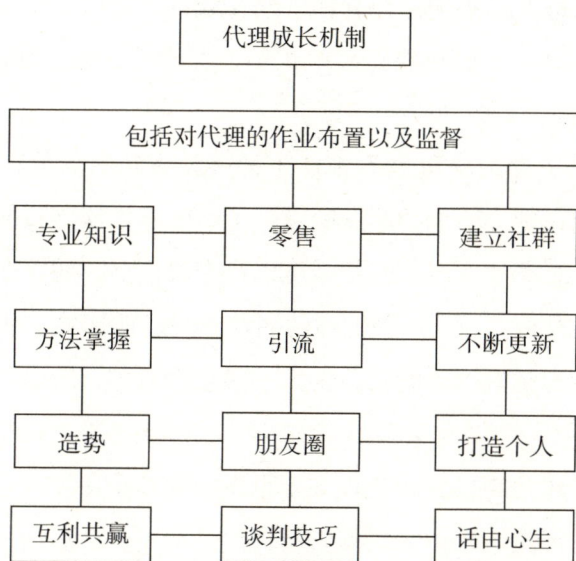

```
                    ┌──────────────┐
                    │  代理成长机制  │
                    └──────┬───────┘
         ┌─────────────────────────────────────┐
         │      包括对代理的作业布置以及监督        │
         └──┬───────────────┬───────────────┬──┘
      ┌──────────┐    ┌──────────┐    ┌──────────┐
      │  专业知识  │────│   零售    │────│  建立社群  │
      └────┬─────┘    └────┬─────┘    └────┬─────┘
      ┌──────────┐    ┌──────────┐    ┌──────────┐
      │  方法掌握  │────│   引流    │────│  不断更新  │
      └────┬─────┘    └────┬─────┘    └────┬─────┘
      ┌──────────┐    ┌──────────┐    ┌──────────┐
      │   造势    │────│  朋友圈   │────│  打造个人  │
      └────┬─────┘    └────┬─────┘    └────┬─────┘
      ┌──────────┐    ┌──────────┐    ┌──────────┐
      │  互利共赢  │────│  谈判技巧  │────│  话由心生  │
      └──────────┘    └──────────┘    └──────────┘
```

图7　代理成长机制

在这个微商女王团队中，做零售主要从两个方面出发，专业知识以及建立社群。专业知识是很多微商团队成员必备的，只有掌握专业知识，才能把自己定位在一个品类老师的位置去引导用户，给用户解答问题，包括为什么要使用我们的产品？你的问题出在哪里？用什么办法解决？

然后是社群，微博关于社群，提出的是一个"粉丝"的概念，因为一般当别人成为我们的"粉丝"，就意味着解决了销售当中一个很难的起步点的问题——信任。所以，社群就是去建立一个微信群，在里面聊你感兴趣的话题，千万不能提产品，然后把你的朋友拉进去，当里面渐渐聊起来了之后，你的朋友又会拉别人进来聊天，这样渐渐的一个社群就形成了，而你作为群里面唯一的微商，可以很好地进行零售。这就是线上社群零售的概念。

引流是做微商必不可少的技能之一，因为用户往往都存在于好友列表当中，所以我们应该去用引流的方法和技巧来不断增加好友。在这里需要注意的是：首先，引流的方法和技巧不在多，往往在于你是否掌握，是否能熟练地运用？如果只是看了，没去操作，等于零，所以实践很重要。其次，不管做到何种程度，每天都必须保持有新的好友增长，如果好友不再增长，则意味着你的瓶颈期到了，而想要打破瓶颈期，就要去大幅度地更新好友资源，删"死粉"，重新加好友。

朋友圈的重要性在这里就不多说了，这关系到微商的存亡。朋友圈不好，基本招不到代理，而你的朋友圈做好了，就算你谈判技能不行，只要每天来的意向多，总能谈下那么几个，所以这个很重要。朋友圈需要注意的有两点——造势以及打造个人品牌。你的朋友圈塑造得越牛，别人越想跟你做；你的朋友圈打造得越有个人魅力，别人越愿意跟着你，所以朋友圈一定要把握这两点。

谈判技巧是作为转换意向代理的很重要的辅助手段之一，关于谈判是一个具体的大纲，不是一天两天能够讲明白的，所以会在后面一步一步地锻炼你的谈判能力，现在你需要明白的两个谈判思路是：互利共赢、话由心生。第一点是你想要谈成，一定要注意从互利共赢的角度出发，因为没有无缘无故的好，也没有无缘无故的坏，如果你直接和别人说跟我做吧，我能带你赚钱，别人会想凭什么啊？所以你得从互利共赢的角度去谈。第二点是话由心生，即我们要告诉别人什么，比如告诉他，你加入我们团队，我能带你赚钱，首先你自己一定得相信，不然你说的话很没底气，别人是无法相信的。

代理需要通过代理成长机制来一步一步加强上述零售、引流、朋友圈、谈判四个板块。每一个刚开始做微商的人都有必经的一条成长之路，比如，一个新人进入团队，开始学习，大概半个月他是出不了单的，因为他在磨合、在学习、在沉淀，通常我们把这个阶段称为沉淀期，那么在这段时间他是需要去掌握各种方法和技巧以及积累自己的资源（意向用户，意向代理）的，所以我们就需要一个代理成长机制来让新人成长。

按照这个思路，首先，新人要去做零售、推熟人、建人脉，学习零售方面的知识，包括对产品要求的掌握（产品的卖点、核心成分、优势）等，这些都是最基础的；其次，是让他去大规模地引流、加好友，积累他的好友数量，也可以说是建立他的市场；最后，是塑造自己的朋友圈，并养好自己的朋友圈以及锻炼沟通、谈判方面的能力。这样一个成长循环下来，他就可以轻松招到代理了。

比如，一个新人进来，首先让他做的事是去线上人脉圈子零售，然后让他去加好友、引流，达到 2000 人数才算达标；接着让他去塑造朋友圈，并且你一定要去检查他的朋友圈或者让人去检查；当前两点做好了，让好友产生意向是没有问题的，有意向代理来找，再教他怎样谈判，包括话术等，这样出货就不是问题了。

最重要的是根据这个路径来形成一个系统化的培养代理方式，循序渐进地去培养新人，而不是一开始就什么都叫他去做，这样他会什么都做不好。你可以专门成立一个群，新人及新进代理就到那里面去学习，或者可以安排人按照代理成长机制去循序渐进地培养。另外，记住一句话：微商没有太复杂的东西，简单的事情重复做就是执行力，微商所需要做的，就是让新进代理通过代理成长机制的学习能够开始出货。

通过图 8，我们可以看到，这个团队裂变法则示意图是一个八角封闭形状，这也就意味着循环。我们先找到第一步——普通代理及新进代理，他们需要做的事情就是去引流、塑造朋友圈，往往做到这两点后，就会有意向产生（主动来询问的人我们称为意向）。当有意向产生，而他的谈判不过关或者不太好时，那么就需要团队分工合作来帮他，这个时候他们应该做的事情就是去拉人听课，拉意向听课，包括把好友列表当中没开发的人也拉去听课。然后讲师团上场，主持人主持好课堂纪律并配合好气氛。接下来就由讲师开课，然后迅速转换意向代理，转换完之后，可以按照既定的利益分配原则执行：谁开发的代理提成给谁，但讲师可以抽取一部分利润。代理划分好之后，按照"老带新""单带单"的原则去指导新人以及让新人迅速进入代理成长机制环节。这样就形成了一个八角图循环模式。

图8　团队裂变法则

在这里有一点要注意，在开始执行之前一定要先把团队激活，大家激情满满，然后去执行这件事，这样才能更显效果。

第六章

落地：彻底掌握微群招商玄机

当你阅读到本章的时候，恭喜你，你离成功又近了一步！在前五章当中，我们从"微商的最终命运和结局"讲到"做自己的能量中心"，从"微商销讲密码"和"无法拒绝的成交按钮"再讲到"微商长远发展的基石"，都是为这最后一章的"落地"作铺垫。那么在本章中，我将从实战落地的角度给大家讲解如何进行微信群招商。本章涉及微信群招商的所有细节，干货众多，值得大家多读多用。在2015—2016年一年的时间里，我几乎阅读完了微商行业所有的关于运营的书籍，以及获取招商的细节、成交的方法。可以说，本书是我对自己看的所有书中的精华做的一个整理。而本章，又是对前面几章的一个总结，相信大家在读完本章后，能够彻底地掌握微信群招商的玄机。

成功微商的四大充分必要条件

"一切商业回归本质就是回归产品和回归用户。"这句话说起来简单，但是要如何才能做到呢？一个人怎样在当今社会脱颖而出呢？做一件事情只要找对方向加上所付出的努力，就会换来我们希望的结果。不要爬到了梯子的顶端，才发现梯子靠错了墙。我们来看一下当今成功的微商是如何做到的？成功虽然不能复制，但成功一定是有充分必要条件的：一是团队自我定位；二是模式定位；三是产品定位；四是传播定位。

成功微商的充分必要条件之一：团队自我定位。

在看到本书时，可能已经有很多的小伙伴在做微商了，但是今天你看了什么叫作自我或者是团队定位之后，可能会发现有很多东西是你之前没有考虑过的，可能今天你已经在做各种产品，也许今天我说的一些话跟你自己的自我定位不符合，那么这时候我就建议你静下心来重新思考你目前所做的。当你发现你今天所做的事业跟你自己想要走的路和自我定位一致的时候，那你就不要怀疑、不要彷徨，一直努力地向前走就行。

在第二章我们已经讲到，做自己的影响力中心，就是你把你的人格信任、人格品牌放到这个产品中，也就是说你要把自己多年积累的信誉拿出来。我们说微商是移动电商的初级阶段，它是基于人与人之间的社交而产生的，如果我们把这句话理解透，那么你今天所做的事就等于在你的个人银行里存了信任，存进了你的个人品牌，除了能获取现金之外，你还能得到精神财富。

如果你将你的人格和个人信任结合了你的兴趣和特长来做微商，你是真心地回归产品、回归用户。例如，你帮助你身边的朋友、微信里的好友解决了他们的身体健康问题，如脸上的皱纹问题、脸上长痘的问题，给他们带来好处和价值，我相信你每做一次就是在你的个人银行账户里存进了一笔宝贵的财富。

我们在初中的时候学过两条直线平行的原理，在这里，这两条直线一条是你的兴趣爱好和你的特长；另一条是你身边的资源和人脉，当你把这两条直线让它有一定的角度，你就会发现它们能够有一个交叉点，也就是说，只要你找到了这个交叉点，把你的兴趣爱好和你的人脉资源结合起来，我相信你的微商之路一定会非常成功。

这里讲的自我定位就是找到你的兴趣所在、特长所在和技巧所在。你对如何打扮有特长，你就应该在美容业当中有所发展，你就能和美容业有交集，把你喜欢而又擅长的不断地分享给身边的人，你会变得更快乐，同时这种分享会得到大家的认同。

这两条直线的交点就是你人生的支点，这个时候在微商里你的价值就能够得到放大，从而使你成为微商的领袖，建立你个人的品牌。所以我们借助微信、微博等自媒体平台，通过不断地自我定位实现自明星、自品牌，最终走向实现自我价值之路，让你收获的不仅仅是金钱，更多的是精神财富。

成功微商的充分必要条件之二：模式定位。

这里讲到的模式定位，主要指的是我们做微商的方式和方法。比如有些人比较擅长做动销，也就是他直接跟用户沟通的能力特别强，他选择的就是以直接销售做直接用户这种微商模式。还有的小伙伴，他有过相关的销售经验和管理经验，他特别擅长帮助他人成功，而自己不太习惯跟消费者沟通。比如某些微商团队领导人，他跟消费者沟通不是特别擅长，而他善于管理团队，那么他做得更多的是团队管理，也即相当于销售公司里的销售管理者这样的角色。还有一些人，更擅长去跟一些线下的实体门店进行对接。比如美容院，跟他们去谈，达成一种合作。因为他有这样的特长，他就可以做线下的营销，把他的特长发挥到极致，这种跟别人沟通的能力，你也能够与移动互联网结合在一起，这个时候，就是我们经常讲的O2O。当然还有一些人做的不是具体的产品，而是某项服务。

总之，只要你能够卖好某款产品，未来才有可能服务一类人群，不要好高骛远。有梦想固然好，但是我们做事需要踏踏实实，如果你每天都想做大事，想得很远，但你现在还是一个微商"小白"，你刚进来就想每个月赚 5 万元，甚至赚 10 万元，我觉得不切实际。你可以把自己的目标先定得低一点，先做几个用户，先服务好这几个用户，先赚取 1000 元、2000 元，再赚 5000 元、1 万元，逐步提高，最终走向自己的平台，成就自己的事业。所以每一个人都需要给自己做一个模式定位，就是你当下处在什么阶段，结合自我定位来作一个选择。

成功微商的充分必要条件之三：产品定位。

这里的产品定位是指确定公司或产品在用户或消费者心目中的形象和地位。这个形象和地位应该是与众不同的。产品定位必须解决五个问题：满足谁的需要？他们有些什么需要？我们提供的产品是否满足了他们的需要？需要与提供的产品独特结合点如何选择？这些需要如何有效实现？

这里给出一个产品定位五步法。一般而言，产品定位采用五步法：目标市场定位（Who），产品需求定位（What），产品测试定位（IF），产品差异化价值点定位（Which），营销组合定位（How）。下面对产品定位五步法进行分析。

第一步，目标市场定位。目标市场定位是市场细分与目标市场选择，即明白为谁服务（Who）。在市场分化的今天，任何一家公司和任何一种产品的目标用户都不可能是所有的人，对于选择目标用户的过程，需要确定细分市场的标准对整体市场进行细分，对细分后的市场进行评估，最终确定所选择的目标市场。目标市场定位策略，一是无视差异，对整个市场仅提供一种产品；二是重视差异，为每一个细分的子市场提供不同的产品；三是仅选择一个细分后的子市场，提供相应的产品。

第二步，产品需求定位。产品需求定位，是了解需求的过程，即满足谁的什么需要（What）。产品定位过程是细分目标市场并进行子市场选择的过程。这里的细分目标市场是对选择后的目标市场进行细分，选择一个或几个目标子市场的过程。对目标市场的需求确定，不是根据产品的类别进行，也不是根据消费者的表面特性来进行，而是根据用户的需求价值来确定。用户在购买产品时，总是为了获取某种产品的价值。产品价值组合是由产品功能组合实现的，不同的用户对产品有着不同的价值诉求，这就要求提供与诉求点相同的产品。在这一环节，需要调研需求，这些需求的获得可以指导新产品开发或产品改进。

第三步，产品测试定位。企业产品测试定位是对企业进行产品创意或产品测试。即确定企业提供何种产品或提供的产品是否满足需求（IF），该环节主要是进行企业自身产品的设计或改进。通过使用符号或者实体形式来展示产品（未开发和已开发）的特性，考察消费者对产品概念的理解、偏好、接受。这一环节测试研究需要从心理层面到行为层面来深入探究，以获得消费者对某一产品概念的整体接受情况。

首先，需要进行产品概念与用户认知、接受的分析，针对某一给定产品或概念，主要考察其可解释性与可传播性。很多成功的企业家并不一定是新产品的研发者，而是新概念的定义和推广者。

其次，同类产品的市场开发度分析，包括产品渗透水平和渗透深度、主要竞争品牌的市场表现已开发度、消费者可开发度、市场竞争空隙机会，用来衡量产品概念的可推广度与偏爱度。从可信到偏爱，这里有一个层次上的递进。有时，整个行业都会面临消费者的信任危机，此时推出新品就面临着产品概念的不被信任与不被认可的危机。

再次，分析实际意义上的产品价格和功能等产品属性定位与消费者需求的关联。因为即使对产品概念的接受和理解程度高，如果没有对产品的需求，如果产品的功能不是恰当满足消费者某方面的需求，或者消费者的这种需求有很多的产品给予了很好地满足，这一产品概念仍然很难有好的市场前景。通过对影响产品定位和市场需求的因素关联分析，对产品的设计、开发和商业化进程作出调整。

最后，探究消费者是否可能将心理的接受与需求转化为行为上的购买与使用，即对消费者的选择购买意向进行分析，以进行企业自身产品定位的最终效果测定。针对企业自身产品定位环节，这一层面包括新产品开发研究、概念测试、产品测试、命名研究、包装测试、产品价格研究等。

第四步，产品差异化价值点定位。产品差异化价值点定位需要解决目标需要、企业提供产品以及竞争各方的特点的结合问题，同时，要考虑提炼的这些特点如何与其他营销属性综合（Which）。在上述研究的基础上，结合基于消费者的竞争进行研究。进行营销属性的定位，一般的产品独特销售价值定位方法（USP）包括从产品独特价值特色定位、从产品解决问题特色定位、从产品使用场合时机定位、从消费者类型定位、从竞争品牌对比定位、从产品类别的游离定位、综合定位等。在此基础上，需要进行相应的差异化品牌形象定位与推广。

第五步，营销组合定位。营销组合定位即如何满足需要（How），它是进行营销组合定位的过程。在确定满足目标用户的需求与企业提供的产品之后，需要设计一个营销组合方案并实施这个方案，使定位到位。这不仅是品牌推广的过程，也是产品价格、渠道策略和沟通策略有机组合的过程。正如菲利普·科特勒所言，解决定位问题，能帮助企业解决营销组合问题。营销组合——产品、价格、渠道、促销——是定位战略战术运用的结果。在一些情况下，到位过程也是一个再定位的过程。因为在产品差异化很难实现时，必须通过营销差异化来定位。今天，你推出任何一种新产品畅销不过一个月，就马上会有模仿品出现在市场上，而营销差异化要比产品模仿难得多。因此，仅有产品定位还远远不够，企业必须从产品定位扩展至整个营销的定位。

定位理论诞生了很多成功的案例，使得很多人把它奉为神律，但是在商务行为发展到如此丰富多彩的今天，定位已经不是无所不能了。有一些人提出了这样的疑问：定位过于静态，很多定位本身没有失败，而是过于讲究定位本身而忘记传播了。这种由于过于信奉定位而导致的失败案例也很多，定位的效力越来越弱。可以从以下两个方面来总结定位的缺陷。

其一，用户对一些产品标榜的定位不感冒。很多人感觉到，定位只是商家将自己的想法赋予产品，个人强加的理念很难快速、主动、准确地进入消费者的识别中，整个过程消费者并不是这么认为：有了好的定位后才适合我的。因此，过于静态的方式对于小的微商品牌，特别是缺少广告投入的微商品牌来说是很难成功的，那么传播就成了微商品牌定位成功的关键了。

其二，定位本身是一个占领心智的过程，并且定位本身也是随着变化而升级的，并不是一成不变的。产品形象需要随着目标用户群的成长而变化。定位不是陈旧形象的反复重播。消费者越来越喜欢新鲜的东西，喜欢不断创新的事物。那么，定位就必须符合这些因素。要努力保持这个效果，源源不断地进行传播是非常有必要的。

所以在目前的竞争环境中，传播定位比定位更重要！

传播定位主要是让目标用户群迅速接受产品或者服务的过程，是占领消费者心智模式的过程，在这个过程中，传播是非常重要的。在这个过程中，不仅要告诉消费者产品是什么、有什么用，而且应该让其深入消费者的脑海中，让其有感应，反复刺激大脑，使之产生条件反射。传播活动更重要的是占领消费者的心智，让消费者通过体验的方式感觉到产品是情感和习惯的需要。传统的广告在传统的传播中占据一定的位置，但是，体验以及用户沟通的过程是定位的关键。沟通有三种：首先是基于日常知识传播的沟通，其次是基于心灵的沟通，这是一个较高层次的沟通，这种沟通要求传播者必须熟练掌握消费者的心理。而第三种沟通是给予理想的沟通，上升到了灵魂的境界，这相当于文学中的只能意会、不能言传的传播，这就可以说是完全的传播到位了，不用再传播也可以达到效果。产品本身就有更深的内涵，或者说产品已经不再是产品，而是一种精神和灵魂。

大家都分析消费者的需求层次，但不管哪一种消费者，我都相信，消费产品的只是形式，其背后一定有更复杂的思维、情感及决策过程。我们把这些深层次的过程叫作感情需求。所以，产品定位就是一个情感需求的定位，任何形式的产品背后一定有一个情感产品，情感产品是可以通过更深层次的沟通进行传播的。消费者购买产品的过程同时也是满足情感需求的过程。所以，回过头来看传播，其本质就是让消费者更快、更长久地产生情感的条件反射，创造出产品背后的情感需求。因此，定位一定不能基于产品形式和功能，更应该从情感的层面上进行细分和定位。

传播定位比产品定位更重要，就是说微商要把重点放在传播运营上，产品定位只是成功的第一步，传播定位才是最重要的。传播定位中有一个制高点战略，就是传播势能的最巅峰。任何事物、产品、事件都有能量，传播的速度与效率主要是由其能量决定的。那么，当定位完成后，我们就应该去寻找传播定位的位能，也就是势能。有人把广告拿到中央电视台去做，就是想占领中国人心智的制高点，但在多元化发展的今天，各种媒体层出不穷，央视的制高点位置越来越弱了。

在互联网传播上主要是用事件营销来解决静态定位问题。近年来，事件营销在传播上已经取得了良好的效果，远比传统的广告效果要好。比如"蒙牛之超女"，比如《一个馒头引发的血案》，其事件都产生了轰动的效果。这里从三个角度来讲解事件营销策划。

第一，选择制造制高点事件。

今天在中国的营销界，除了叶茂中的广告外，就是"蒙牛之超女"，开创了中国第一个打造平民明星梦想的地方，让亿万年轻女孩心动。这个制高点效果使得蒙牛从 7 亿元的市场份额一下涨到 27 亿元。其实还有好多事件其对制高点的占领都是我们可以借鉴和学习的。成功的事件营销就是在占领制高点后用超级低的成本取得了超级大的成果。因此，成功的事件营销策划首先是找到一个制高点的事件，只要能把势能放在"巨人"之上，那就有了可以策划的基础了。

这里要强调的是，事件营销要服从企业战略，不是无中生有的制造。在服从企业战略的前提下，以大、奇、特、妙、绝的效果进行推广。

第二，事件营销的连环引爆。

制造事件本身是一个比较难的事情，制造一个惊天动地的大事件更是难上加难，而且对机会的把握也很困难。但是一旦事件启动，事件营销策划必将进行连环引爆，因为系列引爆相关事件是传播定位的关键。消费者产生心理反应的重要过程，是消费者心态不断变化，不断跟随事件的发展起伏，最后上升到感情和思想的过程。连环效应会使得消费者随着事业传播而进行心智和情感的占领。事件营销策划在制高点背后需要策划好一系列的引爆点，以此达到事件营销传播定位的目的。

第三，事件营销影响的大众化。

让事件影响到每一个人，事件营销策划要做的第三步是把事件推向更高、更深、更广的方向进行引导，把定位更加广泛和深入地推向消费者。在系列事件传播后，提升出来的产品理念与服务精神才不会让人感到空和大，才会有内涵。在这种情况下，大众化的传播才刚刚开始，达到从静态到动态的效果。

定位应该做的是传播，在传播过程必将引起人们在心理和情感上的反应。

有人说大众化与定位有冲突，在细分市场的今天，只要让目标用户群有心智感应就可以了。其实不是，传播依然是大众化，大众化不是目标，而且传播媒介只有通过大众化传播的媒介，才能更有效地传播给目标用户群，而不是从目标用户群传向大众。只有深入、广泛地进行有事件影响性的大众传播，定位才能真正有效。

同样一把刀，不同的刀客用起来会有不同的效果。宝刀固然重要，但只有英雄才能让宝刀更有价值。定位同样是一把刀，只有反复操练、使用它，用不同的招数和刀法，才能战胜敌手，取得胜利。

微群招商五部曲

很多做微商的朋友最关心的就是招商的问题，那用什么方法能够解决大家在招商过程当中碰到的困难呢？怎样来跟大家沟通？怎样交流？应该怎样来指导我们团队的小伙伴？一步一步地去做很重要，所以这一小节跟大家做一些细致的沟通，希望能给大家一些帮助。为此，我把招商分为五部分，称为"五部曲"。

第一部，落地动销。

任何一个产品都离不开动销，所以你要帮助你的团队小伙伴动销。首先你自己要学会动销。你需要带着你团队的两三个核心成员，每天花时间去研究怎样做动销，通过研究做动销，把碰到的问题记录下来，所有解决问题的方法就是你成交的钥匙，因为只有解决了问题才能解决销售。这些问题虽然厂家会给你整理成销售手册和服务手册，但是需要你自己去体会，就像游泳一样，虽然教练跟你说了很多方法，但最终要你自己下水去游泳才明白。我给大家的建议就是，你要亲自把你遇到的问题以及在销售手册、服务手册中提到的问题都尝试一次。这样总结出的经验会给你带来两种回报，一是直接做动销有较好的利润空间，二是摸索出动销的经验，然后输送给你团队里的其他小伙伴实现复制，只有可以复制，形成自动化销售系统，才能保证你的团队持续健康发展。

我们的产品是一个体验型的产品，它是用效果说话的，只要你坚持做动销，就不怕没有代理商。因为消费即代理，你的用户用得好，就有可能成为你的代理，这样通过动销得来的代理忠诚度特别高，对产品特别认同，对你也特别认同。因为你把好东西带给他了，所以他就变成一个紧紧围绕着你的"特种兵"，并且战斗力很强，因为他的经济能力和他的圈子都比较好，比一些"小白""草根"创业者要好。最后发现通过动销带来的用户转化成代理，他的成长速度和销售能力比一些"小白""草根"的初级创业者会快很多，因为他本身就懂产品、懂需求，有的甚至懂市场、懂营销。

第二部，绝对复制。

做微商的三大难题是人脉、沟通、复制，这是很多微商都无法解决的问题，是微商行业的现状，很多人从事微商失败，就是因为无法克服这三点。说是三点，其实只要其中的任何一点克服不了，这个行业都不可能做起来。这里要重点谈的就是第三个难题——复制。

团队发展起来以后，一定要复制好团队，让团队有发展的能力，否则，自己的能力再强，团队也无法形成倍增，没有倍增，微商行业的魅力也就体现不出来。所有和我们一起做事业的伙伴，都是因为相信我们才会和我们一起做。做人，都是你敬我一尺，我敬你一丈，别人信任我们，我们就更应该以责任来回报他们、帮助他们。这个行业，大家都有共同的利益，这就可以让我们拥有超强的凝聚力。在这样的团队里，我们做什么会不成功呢？这种责任感，最终会形成一种良性循环，我们下面的伙伴，也会学着我们的样子，为他们的下级伙伴提供复制和帮助，依次无限循环下去，最终形成倍增姿态。微商行业，不是要教别人怎么去做，而是要以自身作为榜样，以身作则，以自身的影响力去影响团队，将团队朝着一个好的方向引导。这就是复制，没有复制，团队是不可能健康发展的。所以，作为每一个微商人，一定要把复制放在第一位，已经加盟的伙伴才是财富，更应该得到重点培养和复制。

微商之路比较艰辛，四体不勤的人根本不可能成为一个成功的"微商人"，但凡开始市场业绩很好，最后却"死掉"的人，都是因为思维上的懒惰。但很多人往往会忽略思维上的勤奋，并拼命靠肢体上的勤奋来弥补。

下面给大家介绍几种微信群招商的互动方式，当然这些只是众多互动方式中比较典型的方式：

营造畅谈氛围的简短附和，如"对""啊""嗯"等。

促进谈话的附和，如"原来如此""接下来呢""然后呢"等。

表示赞同的附和，如"很有趣""太对了"等。

表示慰问的附和，如"我能理解你的心情""那种情况确实不好处理""太遗憾了""的确令人沮丧"等。

承接相反意见的附和，如"这种思路也是有的""真叫人惊讶"等。

鹦鹉学舌式的回应，也就是复制、粘贴上面的人说的话。

第三部，意向转化。

意向转化强调的是各个突破。下面我来为大家一一说明。

首先，我们应该培养感情，建立信任感，先礼貌问候，无须操之过急，常与微友产生互动，点赞、评论都会让他们感觉亲切。把想参加的微友标为星标，这样便于记忆和沟通，把观望者先放一放，但也需偶尔问候一下。

其次，针对用户工作性质进行利弊分析、说服，站在对方的行业角度去分析他的工作会遇到的弊端和困惑，之后告诉他我们的产品所能带来的优势。

最后，心态解说。我们一定要相信，第一，微友会积少成多、聚沙成塔；第二，我们是在帮助别人，而不是求别人，我们的宗旨是用商业行为弘扬共赢精神；第三，没有回答对方提问的义务，让对方自己找答案，自己找答案的才是有心创业的人；第四，从容淡定，放大格局。或许会有人误解，但利益将是最好的说辞，你的代理所产生的个人销售业绩和你的利益是挂钩的。所以为自己的梦想和价值，请放大你的格局。

今天，我们身处互联网时代，微商行业所面临的经营环境比以往的任何时代变化都要快，在这样的环境中，微商行业的商业模式总是在不断地被颠覆，唯有商业模式背后的价值观相对稳定。往往正是这些价值观支撑着微商创业者去不断调整他们的商业模式，以不断适应变化的环境；一个企业的产品价值观比这个企业商业模式的生命力更持久，力量也更强大。

一个典型的微商在代理一个产品的时候，问的第一句话通常是："你们的产品到底怎样？"接着，他会用他自己所掌握的知识把这个"产品"分析一番，至于这个产品背后的企业价值观和创业激情往往是被忽视的。这是一种典型的微商思维，大多数微商也是这么做的。但这一套办法并非总是奏效，特别是对于那些创造了一个新兴市场的企业而言更是如此。做得好的微商通常都是创造案例而不是学习案例的人，他们的"成功模式"都是事后总结而不是事先规划出来的。很多事情是实践创造出来的，而不是计划和分析出来的。对于转化微商代理，我们一定要时刻宣扬我们所做产品的价值观和创业激情。

而对于新手代理微商，前面已经说了很多，包括如何交流、如何发朋友圈、如何成交。在他想做代理之前一定要告诉他微商到底好不好做，应该怎么做，给他分析利弊。下面给大家举几个意向代理转化的对话。

问：微商真的很容易做吗？

答：创业，就是把一群有相似价值观的人聚在一起，一起做对的事。我们找合伙人，绝对不能随随便便找，我们宁愿找到 100 个精准的志趣相投者，也不找 1000 个意识形态、思维心态不相同的急于求成、人云亦云者！其实做微商哪有那么简单？好像个个微商都在说他月收入过万元，如果真的这样，谁不想做微商？微商并不是人人都适合干。能干好微商的，最基本的条件还是人品。优质的产品加上优良的人品，再加上正确的经营方法。这才是月收入过万元的秘诀所在，这才是踏踏实实月收入过万元的基础。

问：真正的微商人该如何？

答：诚信，这是基础。更重要的是，我们要懂得"利他"。无论与谁合作，我们首先会想，这件事我能给他带来什么好处，或者说，跟他合作，我能为他的事业奉献什么。先想着自己能给对方的，再想我能在对方那里得到我需要的什么。也许只需要遵循这个简简单单的原则就能做好微商。李嘉诚，如果他不懂奉献，他的企业能发展到如此强大吗？如果一个人只想索取而不懂付出，那谁还愿意和他合作呢？先把基础心态放好，再谈从商。微信只不过是一个新的商业平台，是一个有节操、有方法者容易参与的机遇平台，不是一个神奇的适合每一个人捞钱的机器。

问：不刷广告、不刷屏朋友圈能做营销吗？

答：什么样的广告方式是最让人接受的呢？用户只接受一种，那就是看起来不是广告的分享，只要不是广告它就能让人接受。什么不算是广告呢？比如你发一条朋友圈，问大家你们都使用什么样的面膜，一周使用几次啊，来交流交流吧。这样是不是就会有一些用面膜的人来跟你互动。在交流当中你会不会看出哪些人有购买意向呢？我们说这是一种交流也罢，是分享一种价值也罢。这就不叫广告，也就是说能被人接受的都不是广告。在没有想清楚怎么创业前，你就"轰炸"朋友圈去了，这是不对的。你应该是与人为善，不是说你天天在朋友圈发"心灵鸡汤"，说什么女人就应该站起来，你觉得说这些有意义吗？这是一个很现实的问题。当你说女人就该站起来，说你的生活过得多么好，其实你过得比谁都苦。与其说你是在教别人赶紧来买你的产品，来做你的代理，倒不如说你是在说服你自己，不断地麻痹自己，认为这种东西就是真的。我相信有些人对这点应该很有感触。我们第一个要思考的问题就是，商业是与人为善，绝不是为恶。怎么与人为善，也是我们第一个要解决的问题。如果你连与你的闺密、你的好友都没办法处好关系，没法让他们接受你的广告。那么这个广告你就不能发。这就是一个运营的问题，我们要想的是如何成交，就是我们要以什么样的方式销售面膜？在如何确保不伤害积累下来的资源的前提下挣钱，这就是我们要思考的问题。我们要剖析什么样的人才会购买，其实不是所有的人都会购买产品，只是很少的一部分人会购买，你一天成交两单，就是两个用户。但是你每天发出来的广告看到的人可能是数百个，你为什么要让数百个人看到而不是那几个想要购买的人看到呢？让那些不购买的人看不到你的广告，这样是不是会更好呢？广告发给那些会买你的产品的人看，而不要发给那些不相关的人。因为购买你产品的人只是一部分而已，你给那一部分人看就行了。社会化营销的精髓就在交流当中，朋友圈、QQ 都属于社交媒体，是属社会化媒体营销的一部分。互动才是最关键的，你们应该是在互动中产生营销，而不是直接在朋友圈发广告。然后在互动的过程中我们可以筛选用户，让那些真正有需求的人看到广告，而不是让所有的人都看到你的销售信息。

问：不刷广告确实对，那还要口号吗？

答：不要口号，不要广告！你可以跟别人聊很多话题。比如，你跟宝宝之间的一些生活细节，说一些自己的人生见解。拿着手机到全国各地走一走，爬爬山，玩玩水。你应该多去展现你个人的特质，去展示你的生活状态。使用面膜的大部分是"宝妈"。"宝妈"的无奈是什么？有了孩子，身不由己！还有很多人因为上班，无法实现说走就走的旅行！那你这么做就达到潜移默化地展示这个内容了：你今天能够这么轻松地带着宝宝到处去游玩，是因为什么？是因为你的工作方式，是因为你的创业方式所决定的你的生活状态。你仅仅需要去展示这一面，用你的事实告诉别人，其实女人可以这样过日子的！这不是最好的广告吗？你只要搞清楚一点，别人关注你，其实最终关注的是他自己。在你身上看到了他自己的影子，或者是他大脑中向往的那个状态，是他们现在过不上而你正在过的生活。所以你为什么不去干一些这样实际的事情，你今天去交朋友卖产品不就是提倡这种生活吗？那你该怎样打造自己的吸引力？你应该有一个第一的称号，要有一个个人品牌。如果要把自己打造成一个时尚达人，就要把自己的名字当成一个明星一样来运营，就是你必须要有一个品牌的定位，你的公司叫什么，你的产品叫什么这些都不重要，重要的是你的个人名字，这个意味着你需要把自己打造成一个名人。那么我们该如何把自己打造成名人呢？有很多角度，可以根据自己的兴趣及能力体现。如果想要去创业我们要思考的是如何去建立一个自己的个人品牌。当你那个圈子里的人都认为你是时尚达人，或者烹调专家，或者励志大师时，加上你有了自己的理念，别人就会忍不住关注你。重点不是面膜，是人群定向。在一个群里都是女性的话，当你在一个点上有了影响力就能产生销售。在运营的过程当中能得到一些积累，品牌的积累，你个人的积累，你才能在这行做得更长久，走得更远，否则有一天产品发现一点小问题，你就毁了。

产品是会更新换代的，每一个产品都有一个周期，但是人脉是可以永远继续的，人最喜欢关注的永远是人。成交要在不伤害各方基本利益的情况下去进行。微商营销应该回到你原来的生活当中去，回到你本来的生活状态去。成为一个真正的商人、高级商人，要有自己的个性和自己的生活方式，你是独立有主见、活得干净利落、令人喜欢的，而不是一个卖货的工具。这个时代就是这样，商人必须要把自己身上的商人气去掉。回到人的本位去，你就能把生意做得很好。

我们该用什么思维来看待这个无线移动互联网时代呢？微商和线下、淘宝等都一样，只是一个平台，是一个商业模式问题，究竟我们靠什么来挣钱，这是一个很重要的问题。微商更看重的是一个人的人品。无论你卖什么，人家之所以加你，成为你的好友，是因为你身上有独特的个人气质，或者你拥有他们羡慕的东西。零售也好，批发也罢，一定要好好利用这个创业系统。

当今已经是互联网时代，切记不要用老一辈的思维来看待这个世界。你出身不好？工作受压迫？没关系，我们正处于一个时时更新、学习得好可实现生活水平突飞猛进的时代，只要你想要，会有很多朋友、很多资源来帮助你！我们在互联网上看到的那些"草根"小有名气，或者做得有点成绩的，他都不是单干成功的，或许他没有团队，但是一定有很多资源在帮助他，有很多朋友在支持他。

最后说一点，做微商最怕的就是"试试""等等""看看""想想"这几个字呢，其实没什么可犹豫的，要么不做，要做就努力做，尽全力做最好。对于很多人来说，做代理，先发图试试，结果发了两天就没人看了。做代理就必须有货，这样才有动力、才能坚持，微商路也才能长久、才能赚到钱。

第四部，见证案例。

一般来说，见证案例主要指的是对比图、资质证书、用户见证和代理案例。

首先是你一定要发使用效果对比图，一定要按照现在刷朋友圈的内容把对比图存下来。品牌方现在给大家准备了案例，你们自己也要准备案例，一定要记住：讲道理不如讲故事，讲故事不如讲案例，讲案例不如讲亲身经历。那案例怎么写呢？比如，某某，某年某月某日用的第一盒产品，使用之前什么效果，用完之后什么效果，照片附上；持续使用一周以后，效果照片附上；再用第二盒效果附上，持续给一个人做美颜日记。在和意向用户聊的时候你就把这个日记发给他，不是简单地发两张效果图，这样没有真实感，而且别人也没有持续感，当然有些人说有过敏的，有敏感肌肤的，有激素脸的，有长痘痘的，有皮肤角质层偏薄、毛孔粗大的。有问题没关系，真真实实写出来，我们要的是真实，不是骗人。我们要的就是把最真实的效果的反馈给所有消费者，让对方看效果说话，不压货，做动销。

要注意的是有些人只顾自己发，却不管别人的感受，发资料不是发完两次就完了，而是发完后要让别人看，所以你发完以后要留10~15分钟，让对方仔细看，然后你再说你看完了吗？如果没有看完你提醒他看完再跟他聊。

其次是资质证书，你要发国家的备案证书。很多产品很多人不相信，很多人怕有问题，这个时候你就把备案证书截图保存下来发给对方，再把保险公司承保的截图发给对方，解决他的后顾之忧，这样就可以做结案成交了。

然后是用户见证，如果还不能成交，就发用户和代理的好评来作见证，大家现在做的截屏，用户与代理的好评一定要跟你的对比图的案例和截图一致，既然你有美颜日记，一定有他的截图，发同一个人的截图和美颜日记就是用事实说话。

发完以后就可以发代理案例了，也就是大家说的收单，如果按照每个流程坚持，收单截图一定会打动对方，而不是很多小伙伴跟我说的，对方说考虑做代理，你就天天打电话催别人。我觉得你这种做法有韧劲儿，但是我不赞成。各位要记住微商吸引力法则，你们有很多潜在用户没有成交，过了几天，他原来的积极性已经下降了，这时你再打电话催他会很烦，而且人家觉得你是不是卖不掉产品，或者你是招不到代理才老是催，这个时候你继续发案例，继续发美颜日记，因为你每天都在做美颜日记，你每天坚持给他发一个新的案例，你每天坚持发一个成交案例。发给他时跟他说，今天我给谁做了体验，今天我跟谁聊得多么愉快，你把真实的过程和故事讲出来，我相信你发到第五天，成交率将大大提升。说到这里，有的小伙伴说，我现在处于初级阶段，我不能做到每天成交。那没关系，我们可以团队协作，一个团队有10个人或者20个人，你这10个、20个人，每天做一个案例，团队一起把它整理出来，然后分发给大家，把它存起来再发给别人，这不就是每天都有新案例了吗？所以做事也不要贪多，关键在于执行力。大家记住一句话，"简单的事情重复做，重要的事情做三遍"，如果你在团队中，能够持续坚持，按照我教给你的这个方法去做，那么你一定可以取得好成绩。如果按照这个流程每天坚持，一个月就有90~150次沟通，可以成交20%~30%的话，也有10~30个代理，那么这里面可能有5~10个高级别的，还有一些低级别的或者是直接用户。你只要坚持去做，一定会有收获。所以我告诉你不要邯郸学步，到处去听课，听乱七八糟的课，每一个产品，它所用的方法是不一样的，自己的产品有自己的特点和属性，今天的产品是用效果说话的。

第五部，再次转化。

要实现再次转化，一个重要的点子就是送体验。送体验很重要，那么有些小伙伴讲了，我也送给我的小伙伴体验过产品，我说你怎么送的呀？他说我找到伙伴，和他聊天儿，然后找他要了一个地址，我把这个产品给他发过去了。产品发过去之后效果并不是特别好，没动静。我说对不起你送错了。送错人了吗？我说不是。你送的方式错了，如何正确地把产品送出去，我送大家九个字，这九个字就是"当面送，当面拆，当面用"。真的，我们要时时刻刻有一种主人翁精神，所以你带着产品见人的时候就说体验一下。体验的过程中你就当面拆给他，他会觉得你这个产品真的是为他了，为什么呢？因为你当着他的面把它拆开了，他会认为这是花钱买的，他觉得这个钱是用在他身上。最重要的是，当面用。怎么一个当面用法呢？比如你的产品是个贴的，就当他的面给他贴；比如你的产品是冲剂，就当他面给他冲，等等。这个过程，才是真正能够让用户直观地去体验到产品的过程。在他直观地体验到产品的过程中，你才有与他聊天的机会。例如，有没有感觉我们的面膜跟其他面膜不一样？他说，嗯，是有点儿不一样。你觉得是不是更丝滑啊？嗯，是的。有没有发现我们这种贴剂，贴在身上之后马上会有热乎乎的感觉！他说，嗯。我告诉你，这个是你的血液，在快速打通……只有在当面体验的过程中，你的用户才会有感觉，他才会知道对他有用，他才会买。这就叫作送体验，我跟大家来分享一下并不是说一次性要体验很多很多，也不是说一次性要送他一个套盒，体验用的产品越少越好。一下子发给用户好多产品，结果常常是白送了，因为那么多，多得用不完，他就不会向你买了！

除此之外，更重要的是你要把你所有体验过的用户建一个微信群，在这个微群讲这样一句话：我给大家提供更好的售后服务，以后有哪些不了解的你们可以告诉我，我来帮你们解答。建立这样的用户服务群，做好服务，记住服务是最快的成交方式。我帮助过我自己的伙伴，建立他的用户体验群，也就100多人体验过，那么这100多人一个月能够给他产生十几万元的流水，为什么呢？因为体验过的人觉得服务很好。这个群里有一个人说你好话，基本上群里所有人都会看到，他们会认为你是一个很好的人。经常在群里告诉别人每个阶段该怎么样，并提醒其他人。当大家觉得你人靠谱，就会有人愿意跟着你一块儿干，这就是建服务群的伟大之处。

第二种方法，叫作求支持。我一个朋友，在家里待了三年，一年怀宝宝两年带孩子。这三年里，她创造了一套属于自己的微商之路。有一天，她跟我说她在做微商，让我支持一下，我开玩笑说你这样说太直白了吧。她说是，我就这么直白，讲那么多废话干吗！我说这么说对方有没有感觉到你要找他借钱。她说有！基本上我说这句话之后对方都停顿三秒钟不说话，但是我紧接着就说了，你放心，不会找你借钱的，这时候对方会感觉不好意思，会说没事儿找我借点钱也无所谓。需要我支持什么你就说吧。这个时候，她讲的第三句话是你也知道的我在家里待了三年，之前我靠自己双手工作的，但是现在，为了照顾孩子放弃了自己的事业，但是我还是有创业的心，在我怀孕的期间，我用过一款产品，效果非常好。怀着宝宝也可以用，我做了这个产品的代理，我觉得它对你也比较好，我希望你能够支持我一下，你跟我买一件好不好？对方一听，就这么简单。没关系要多少钱？你告诉我，我打给你就行，下次到我家来的时候你别忘带过来就行了。于是，她打10个电话成交了十单，100%成交。除此之外，当她去对方家送产品时，还跟大家聊自己的创业。有些人觉得挺好，愿意跟她干。就这样10个人中有5个人成了她的合伙人。而一个多月的时间，这5个人又进行了裂变，她的团队就有了100多人，所以她第一个月就拿到了6000元的收益，第二个月就是1.6万元的收益。我也觉得挺不可思议的，我也分析了这件事背后的原因。

第一点叫作大多数人都会为对方的梦想埋单。所以说创业者只要有梦想就有人为你的梦想埋单的。第二点叫作大多数人都会为谦卑和弱势的人埋单。而我朋友刚好是站在这个角度。马云认为，做微商要从自己身边的熟人开始，创业者一定要从自己身边的熟人开始做，因为身边的熟人你都不敢卖给他产品，你身边的熟人他都不会跟你买产品，那么你也不用再创业了，因为你是个骗子。这就是第二种方法——求支持。

再给大家分享一种方法——我的改变让你看见。你去成交每一个人，从第一个人开始要学会感恩，并且赞美对方。如何做呢？比如说你是成交的第一个人，你是我创业的第一位支持者，非常感恩你能够在我创业的第一天支持我。我一定会做得更好。关注他让他看到，这就叫作感恩。提醒对方查看他会开心，于是他就觉得你这人不错，就会多买你几件产品。第二个人你依然采取这种方式，第三个人依然采取这个方式。不要忘了截图放在你的用户服务群里，这样的话就会有越来越多的人愿意去支持你，形成了一种良性循环。这是第一步，第二步叫作你自己帮你自己。对于一个产品越来越熟悉，对你的用户越来越了解，当你有越来越多自信的时候，你也帮助了很多人，于是你写文案就要有一个改变。怎么个改变法呢？比如我是你的第三十位合作伙伴，你就要这样讲，这是我帮助的第三十位伙伴，他的名字叫作银哥。他曾经是一个月入2000元的写代码的小伙子，他是个"码农"，但是现在他跟着我一起做，短短两个月的时间，每个月入账6000元，远远超过了他原来工作的工资。银哥加油！我看好你哦！不要忘记配上我的照片，提醒我查看，然后截图到你的用户服务群，这样慢慢地你变得更有自信的时候就会有越来越多人说，哇！你又帮助了一个人，这样你就达到了从帮助一个人到第三十个人的目标。

微群终极成交实战案例

微群一直是微商团队招商与零售的重要战场，更是批发式销售最佳的环境。本节是我帮助某品牌招商撰写的实况文字。文稿如下（略有删减）：

主持铺垫——塑造讲师

大家好，各位亲爱的小伙伴大家晚上好，感谢你们的耐心等待，我们的课程将在8点准时开始。首先非常感谢××建群给我们提供这么好的一个平台，让我们一起来沟通微信营销，也就是当代中国很好的一种经营手段，类似十几年前刚开始的淘宝，这是个商机，所以大家一定要做好准备！希望大家先放下手头工作跟上节奏认真听，也可以收藏语音课后温习，讲完后请大家自动退群，××将会在讲完课后解散本群，如果来不及听可以先收藏语音课后温习，长按语音就可以收藏了！

接下来跟我们分享的这位大咖，他是谁？他是××品牌首席微营销讲师，他每周的工作主要是给全国各地的微商品牌进行授课。非常感谢你们的上级可以提供这么好的一次机会让他和我们相聚微信营销学堂，课程时间两个半小时，也就是他跟大家的缘分只有这两个半小时，且行且珍惜，大家不要私信加他，他不会通过验证，群里也不能互加好友，互相监督，一经发现将会被踢出群。同时我也给大家一个保证，如果你们认真听完这位大咖的授课并且按照他说的要求去操作，你们都会成为微信营销专家，一个月之后，不会低于2000~5000元的额外收入。下面请我们用最热烈的掌声，有请我们"微商指环王""五界营销思维第一人"

银哥闪亮登场。

银哥：各位在场的小伙伴，大家晚上好！大家听我的声音应该都感觉到我年龄不大，但是在微商界，我应该算是大家的前辈了，今天晚上我将教大家如何更好地赚钱。我给大家费尽心思地讲两个多小时，希望大家可以彼此尊重，认真听，做好笔记，万事开头难，打好基础，万事都不难。

好了，各位，我们的要求讲完了，相信大家也非常期待，但是这堂课听完后不能让你一步登天、如虎添翼，没有努力一切都是白费，我们的课程只是帮你们抛砖引玉，帮你找到方向、找到目标，所有的努力和行动都是靠自己的。那么我们的课程将在 1 分钟后开始，我先把今晚讲课的课程表发给大家浏览一下。大家看完之后发给我个表情回复，顺便回答我一个问题，你对微信营销了解吗？或者开始在操作了吗？群里的小伙伴给我文字回应一下。

什么是微信营销？微信营销的方式有哪些？微信营销选择做什么产品最好？如何取得微信好友的信任以及好感？如何打造微商品牌，形成用户超高黏性？为什么问大家这些问题，因为你要知道你们花两个小时来听课学习的是什么，我们讲课的目的是教大家如何赚钱，但是你要知道来学习的是一个怎样的课程，我们是真正的微信营销，也就是电子商务。

十几年前，当全中国一大半的人在抨击马云时，淘宝悄悄地成了大家生活中不可缺少的一部分，前不久，阿里巴巴集团的上市，让还在传统行业努力挣扎的企业老总们突然觉醒，电子商务已经开始让他们走上了灭亡的道路。

2011 年 1 月 21 日腾讯公司推出了手机聊天软件——微信，2012 年 9 月 17 日，腾讯 CEO（首席执行官）马化腾在微信上宣布腾讯旗下移动互联网产品微信用户数突破 2 亿人，从 0 到突破 2 亿人，距离推出仅用了 14 个月的时间。现如今，微信用户人数已突破 8 亿人，可以说一大半的中国人都因为一个软件连接在一起。8 亿微信用户的背后是巨大的营销市场，微信也成为众多商家和企业的潜在用户的聚集地。很多朋友到现在还想不明白，为什么每天打开微信看到越来越多的人在做广告，因为微商时代到来了。看看今天的你，是拿着手机玩游戏呢？还是拿着手机炫富呢？还是你已经拿着手机赚钱了？移动电商时代到来了，微信销售已经跟上了时代的节奏，以后的销售模式更多的是依赖于诚信，而不是第三方担保。

我们说有人的地方就有商机，很多人通过微信营销已经开始赚钱了，我也相信你们的微信里或多或少都有这样的好友，每天在自己的微信朋友圈里面不断地发各种产品、代购，你们刚开始可能会觉得莫名其妙，甚至会很反感，但是千万不要小瞧他们，方法用对了生意还是挺不错的，不管生意好坏至少说明这些人都有生意头脑。

最近有几个蠢蠢欲动的朋友跟我说，银哥我觉得做微信营销好难啊，我的一些朋友不喜欢我做这个，也不喜欢我在朋友圈发产品内容，我觉得在朋友圈发广告很不好意思。可能这些心结也即将出现在你们各位身上。我想问，这些不喜欢这么做的朋友他们帮你还车贷、房贷了吗？给你买包、买衣服、买奶粉了吗？给你全家发工资了吗？都没有！是不是？那就不要让别人对你的人生指手画脚，我们的生活不用在意别人的看法。下面给大家举个例子，先给大家发一张梦梦的截图看一下，如图9所示。

这个叫梦梦的小伙伴是一家服装店的老板，她的服装店每天有一百个左右的用户进店，每个月有三四千元的收入，除去店租、成本、利润只剩两三千元。她就问××，通过什么方法能将收入提高呢？××就回答说以你目前这样的情况除了微信营销没有别的办法能帮你。××让她把每天进店的用户微信号都留下然后都加上。当她加了这些人之后，就每天在自己的微信圈上传她店里的衣服图片，每发一次照片会有两三千人看到，这相当于她店里面一个月的人流量。通过这种方式，她一个月的收入从以前的3000元提高到现在的6万元，这就是微商。

有很多用户可能一辈子就进她的店一次，但自从加了她的微信之后，相当于每天都在逛她的服装店。她现在已经加了4000多个人，她每发一条微信

图 9　梦梦的微信朋友圈截图

广告就有 4000 多人看到，相当于她店里 70 天的人流量，这些都是她的用户或者潜在用户。虽然她服装店每个月的收入仍然是几千元，但是她的微信朋友圈已经帮她额外赚了十几万元了，这就是微商。

　　再举个例子，假如你的微信里现在有 3000 多个好友，那么你每发一个产品是不是就有 3000 多个好友能看到？这是什么概念呢？一个大商场每天的人流量就跟你微信的人流量差不多。各位我们只需要通过一部手机、一个微信平台就能达到大商场的人流量，而且商城的人流量还未必每天都有那么多。大家有没有理解？也就是说你微信的好友数量是非常重要的，你的微信好友数量在一定程度上决定你这个微信号的价值。那么现在我们来个互动，大家告诉我你们微信里的好友数量是多少？

　　资源整合的时代，你不可能再跟以前一样靠把一个产品做得好去垄断市场了，你现在要想的是分享和平衡利益你才能够成功。如果说咱们群里面的帅哥美女，你们家里面有美容、美甲、美发、服装等店铺，只要你腾出一个位置就可以卖我们的产品，不要觉得异类，会破坏店铺风格，或者说不合适，这个叫资源整合。我们做的就是别人想不到的，你才能够赚到别人的钱，那么现在的店铺租金贵，人力成本也不低，市场竞争压力大，生意也不好做了，你如果有条件让一家店赚两份钱，你何不勇于尝试一下让店铺产品多元化，给用户提供更多的选择呢？记住了，只有别人想不到的，没有我们做不到的，当你踏出第一步的时候，成功就在向你招手了。

好了，我基本上看到了大家给我回复的好友数量这个数字，有点儿惊人，有的……也有……也看到……挺让我感慨的，但是如果你的好友数量非常少就算只有 10 个也没有关系，说明存在着非常大的潜力。如果你的微信好友只有 100 个，但是不能保证有 10 个人购买你的产品；如果你的微信好友有 1000 个，但是还是不能保证有 10 个人购买你的产品，那么你加那么多好友干吗呢？所以方法很重要。当然，如果你的好友非常多，却没有做微商，那说明你浪费了太多的资源，如果你的好友不多不少，做了微商却还是小额收入，那说明你的方法有问题或者存在后面会讲到的不足之处。下面发一个刷屏的图，如图 10 所示。

微信营销的方式有两种，现在我们说第一种，刷屏式的营销方式。图 10 就是刷屏式的销售，他就是每天从早到晚狂发无数种不同产品的照片，这是最傻的一种销售方式，太烦人了。我相信大家的朋友圈里或多或少都有这样的状况，或者你自己就是其中的一个。这些人被自己烦得要命，更何况他的微信好友。有时候点开朋友圈刷新一看基本都是你一个人的信息，就像进入你的个人主页一样，而且一天到晚都是硬性地发广告作宣传，尤其是深夜 12 点以后还在狂发，想让别人每天醒来一睁开眼就看到你的产品信息然后购买你的产品，我告诉你这基本上是不可能实现的。那些上班族天天早起挤公交、挤地铁，已经够辛苦了，看到你的广告就更加心烦，人家不屏蔽你都对不起自己了。

刷屏营销方式还有另外一种情况，就是看上去当天发的广告不多，只有几条，但是如果这几条基本上没有时间上的间距，就是说连续地发，这种情况也是变相的刷屏。我发张图给你们看下，如图 11 所示。有画标记的地方大

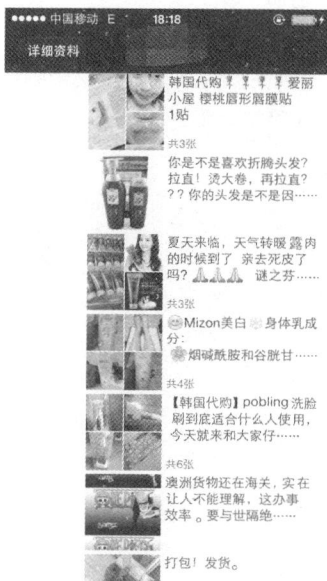

图 10　作者微信刷屏图（一）

家注意看一下时间，这五条是同一天发的，而且基本上是五分钟一条，这种情况也叫刷屏。本来发的内容还挺不错的，图文并茂，内容也不是太硬性，条数也不是太多，结果却因为时间间距没有把握好造成和刷屏一样的后果。

这么做的结果只有两个，一是被别人屏蔽、拉黑，好友越来越少，二是你的好朋友不好意思拉黑你，但是每当你发东西的时候或者看到你的名字头像就直接忽略不看了。你想想，我们是做微商的，如果你发的广告都没有人看了，你觉得还有意义吗？有可能人家嘴里面还会偷偷骂一句：这个 ×× 又在刷屏了啊。所以各位，这是最不可取的一种营销方式，但是目前大部分人都是采用这种方式。

接下来大家就会问了，那么应该采用什么样的方式来吸引别人的注意，引起别人的购买欲望呢？为了回答这个问题，接下来给大家分享一种方式，教大家如何去发布你的朋友圈更好地引起别人的兴趣。下面同样给大家发一张截图，如图 12 所示。你们来看一下作为消费者、作为她的朋友，在没有防备的情况下会不会觉得这就是一条广告？或者说如果你觉得是广告，有没有

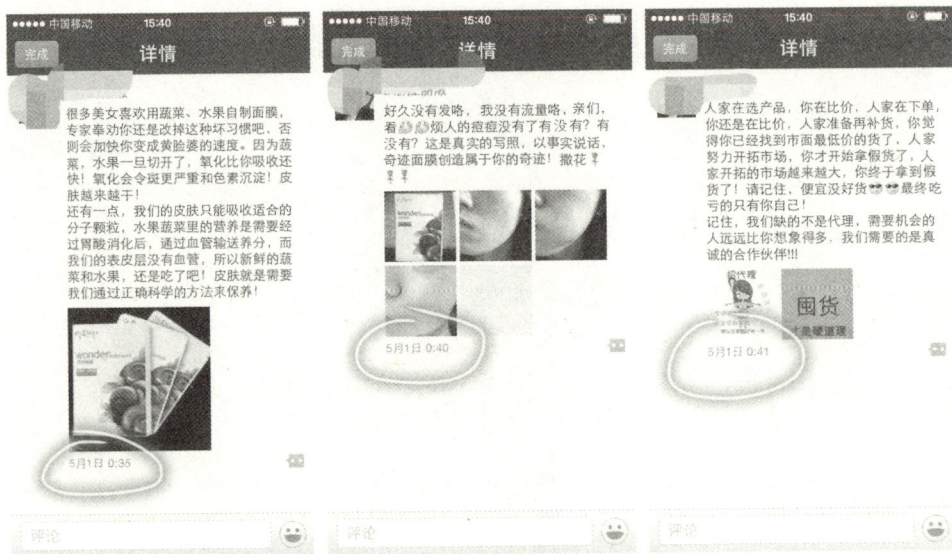

图 11　作者微信刷屏图（二）

觉得这种方式更容易接受？

　　刚刚我发的这个图片，是我们群里一个小伙伴发的，这条微信看上去像是无心插柳似的发了条分享，就跟平时自己发朋友圈是一样的，没有任何的攻击性，甚至让人看不到她的目的所在，觉得她就是在分享自己使用过一个不错的产品之后的感受，连一个商标都没有。这样大家会比较容易接受，所以大家会很感兴趣，点赞、评论、留言，问她是什么产品、效果好不好、哪里买的、多少钱等。其实，它就是一个广告。这个方法就是我要教大家的方式，叫作"软性植入分享式"，这是个新名词。

　　大家不要小看这条信息，她在我的推荐下使用了这种软植入的方法，也就是分享一个好东西给大家，结果这条微信轻轻松松赚了几百元，这个收入对她来说不算高，关键是想告诉大家方法太重要了。大家想想，同样是去宣传某个产品，如果她用的是一种刷屏式的方法告诉别人，她就是这个产品的商家，然后在朋友圈里喊着大家快点过来买，那她的朋友绝对不会买的，而且会觉得刷屏太烦了。但是她用这种分享式的方法隐性宣传，她的很多朋友反而带着好奇心冒出来了。各位有没有理解我的意思？这种方式很容易引起

图 12　作者朋友软性植入分享图（三）

大家的共鸣以及购买欲望。

　　其实也有另外几种软性植入分享式和用户的聊天截图，以及使用前后的对比图等分享给大家。

　　大家一定要注意，我们的微信里面大部分都是我们的朋友、同事、同学。这个社会，人的心态是这样子的，朋友都不爱看到朋友赚自己的钱。我们也是这样的，我们也不愿看到朋友赚我们的钱，所以当他看到你用刷屏式的方法明摆着告诉他你是某个产品的商家的时候，就算他很动心也不会买，因为他不想让你赚他的钱，这就是人的心理尤其是女人的心理。最不愿意看到朋友赚自己的钱，越亲的人越不愿意你赚他的钱。有些很仗义的朋友可能会说了，不会啊，我要是看到朋友在卖东西都会很想去捧场一下，这样的朋友确实存在，但我们说的是大部分人的心理，所以想要事半功倍就不要抱着这种侥幸心理。

　　那怎么办？那我是不是就不能在朋友圈打广告了？不是这个意思，因为女人还有另外一种心理，就是好奇和羡慕甚至忌妒的心理，女人会羡慕别人比自己的皮肤好，会羡慕朋友背的包包比自己的漂亮或者穿的衣服比自己的好看，甚至会忌妒，所以当她看到你的微信，你的皮肤通过某个产品变得非常好之后，她一定会好奇、羡慕、忌妒，可能晚上还睡不着觉，一定会想了解这个产品并且想尽办法得到这个产品。

那么我们用分享式的方法正好是满足了她们的这种心理。有人会说我老是用这种方法会不会让人觉得很假？第一次会觉得挺好用的，第二次也还好，第三次别人就怀疑你是不是打广告了，第四次肯定就是做广告了。那怎么办？不要急，这是我们要讲到的，如何完美地进行微商角色转换，现在先不讲。马上讲选择什么产品最好。

微信营销选择产品很关键，选择不慎将会使你的这个微信号废掉。一定要选择可持续购买的损耗品，护肤品是最佳选择，我微信朋友圈里好多卖衣服、杯子、奶粉的朋友，基本都是一个月赚的钱仅能维持生活费而已，很难做大。因为这些东西不是必需品，很多人最多买一次就结束了。尤其是在本身你的微信好友数量就不多的情况下，无法产生循环购买，怎么可能赚钱。而护肤品是女人生活当中必不可少的东西，用一次之后就会产生依赖，而且还可以介绍给其他用户。微信营销选择产品一定不要太杂，越简单越好，这样才能让大家记住你。霸王洗发液是个最好的例子，当年"霸王"选择成龙做代言，只做一款中药洗发水，业绩一年 20 亿元，后来耐不住寂寞做了霸王凉茶、护肤品等，做的东西多了消费者反而记不住了，现在霸王基本销声匿迹了。加多宝坚持只做凉茶。这样大家在购买凉茶的时候首先就想到加多宝。我们微信营销也是一样，我是建议大家只做一款产品，让你的微信好友在买某产品的时候能第一个想到你。做简单不做太复杂反而能成功。

你可以选择一款面膜。因为男女老少都有护肤的需求，而且需求量会很大，特别是女人。面膜是女人的最低消费，群里面有那么多妹子，不管你是一个月挣 1800 元还是挣 18000 元，你可以买不起神仙水，也可以买不起雅诗兰黛小黑瓶眼霜，但是面膜是护肤品的最低消费，一定能买得起。我现在微信里有 1000 多人，我只要让其中的一二百人来买我的面膜，持续地买，那么各位，我是不是就有钱赚了？然后再持续地加人，那是不是就发财了？所以我给大家的建议就是选择一个好的护肤品来做微商产品，并且不是水、乳、霜而是面膜，因为水、乳、霜一般要用大半年才能用完。面膜你自己肯定也要用，这样不仅自己用着省钱还可以让自己赚钱，多美好的事业。

各位有没理解我的意思？很多人会问，你的面膜每个女人都需要，可是我认识的男性朋友比女性多怎么办？那么男人有没有需要呢？当然有，男人自身需要，现在很多男人也注意保养自己的皮肤了，像我身边不少男同学慢慢地都在问我要面膜了。刚开始观望挺久，咨询我的时候感觉还有点不好意思，但是我跟他们说男人都是爱面子的，贴面膜就是让你爱面子，没什么不好意思，护肤和化妆是不一样的，不是叫你贴着面膜出去工作，护肤是幕后工作，懂得护肤保养的男人说明是个追求和注重生活品质的男人，每当你累了一天后贴片面膜躺着休息多舒服啊，第二天心情还美美的。

有关注我们面膜的小伙伴都知道，××面膜是《越淘越开心》倾情推荐的一款蚕丝面膜，上过湖南卫视硬广。目前××系列的三款面膜也上了央视广告，其中就有为男士专门设计的男士专用面膜，很多男明星都在用面膜，比如××，他不仅认可我们的产品而且前阵子在丽江大会现场签约××，即将打造中国第一风尚美妆。

大家应该注意到了一个社会现象，几乎每个男人背后都有一群女人，这些女人是指你的女朋友、你的老婆、你的女同学或者女性朋友，总之有男人的地方一定有女人，所以我们要充分利用男人身边或者背后的资源，这叫借力使力不费力。

有男士就问了，那我可以卖面膜吗？会不会很没面子啊？估计大家听过李嘉诚说过的一句话：当你放下面子赚钱的时候，说明你已经懂事了；当你用钱赚回面子的时候，说明你已经成功了；当你用面子可以赚钱的时候，说明你已经是个人物了；当你还停留在喝酒赌博吹牛，只爱所谓的面子的阶段，说明你这辈子也就只能这样了。

产品的类型选好后，大家最应该关注的就是质量问题，抛开利润不谈，产品的质量是根本，也是保障，所以这是大家首先要去关注的问题。产品公司的领导也是非常重要的，怎么来理解呢？如果你选择的产品的领导只看重自己利益，是一个小心眼且没有长远目标和责任感的人，这样的公司你们愿不愿加入？我想你肯定跟我一样说"不"。我们都希望跟着一个好领导，一个有责任、有担当、有魄力，会为我们着想、维护我们的利益的领导做事，所以你们在考察一个产品的时候一定要了解一下这个产品的领导好不好。

有的人会说，被你说的好像听了你的微信课之后就能赚钱，那什么样的人最容易成功呢？我说，最能成功的就是那些从来没有听过微信营销课，一点都没有做，一点都不了解，还没有去糊里糊涂刷过屏的人。最怕的就是那种已经在做了，做得不三不四、不上不下的人。所以恭喜你们这些从来没有听过课，还一点都不了解的人，你们虽然后知后觉，但是你们可以走正确的路，你们肯定比那些做得早的人更容易成功。而刷屏刷习惯的小伙伴，你们也不要灰心，只要你没有走火入魔，回头是岸，用心去养号还是可以有奇迹的。

如何取得好友的信任以及好感？大家一定记住了，朋友圈的营销也是情感的营销，我想请问你是否做好了情感营销，是否让别人觉得你是个可以信赖的人。有的小伙伴认为，他们只是我的用户，我卖他们东西就可以了，何必还要去取得他们的信任和好感？首先我告诉你，微信是一种社交，陌生好友加你大部分是因为对你的好感，是被你的人品所吸引，关注了你的信息才会去信任你的产品，有了信任你的生意才做得下去。下面教大家三个方法。

第一，点赞。很多人说我加陌生人后不久别人就把我删掉了，这是为什么？因为你加了别人之后一点交流都没有，只知道一股脑儿整天打广告，被人删了也不足为奇，怎么做呢？首先加了陌生人后，打开他的朋友圈找两三条你比较感兴趣的内容动动手指去点个赞，为什么要点赞？因为人都是有虚荣心的，喜欢被关注的感觉，新浪微博为什么这么火？就是"互粉"很多。

我相信群里的小伙伴都和我一样，如果你的一个微信朋友三个月都没有在你的朋友圈里点过一次赞，那么你一定认为他不关心你了，不在乎你了，不把你当朋友了，你一定会在心里默默地把他"拉黑"。相反一个陌生人加你的微信好友，你发了什么他都会点赞，你就会很关注这个人，他发东西你也会去点赞，你们就会成为朋友，一定会取得好感和信任的。

举个例子，我相信一定有很多小伙伴的微信里总有几个微信好友，发过类似自己在医院里面打吊瓶的照片，然后在上面写了一段话，"姐生病了求安慰"或者"哥生病了求安慰"，大家想想这时候你该不该去点赞呢？

如果你点了一个赞，不出意外3~5分钟她或他一定会在下面写上这样一段话，人家都生病了你还来点赞你这是什么心态，各位不用害怕。他不是在生气，其实他心里的潜台词是这样，这么多人关注我，这么多人来给我点赞。这就是人的虚荣心。

但是你会发现这个点赞的方法现在已经不怎么管用了，因为人的胃口变大了，评论比点赞更能满足人的虚荣心了，所以相对于点赞，更多的是要做个"评论党"，大家一定要记住这点，方法要懂得创新。

第二，发一些高端大气上档次、正能量的内容。你们每个人在迈出微商第一步之前都要做的事，就是要经常在朋友圈里发一些高端大气上档次，正能量的内容，而不是寂寞空虚冷的消极文章，让大家看不到你的朋友圈内容还会惦记你。所以经常发些积极的东西是非常重要的，也就是说我们一定要把自己的微信号打造成一个别人每天都过来看一看、瞧一瞧的微信号，甚至某天没看到你发信息了还浑身不自在，而不是看到你的微信就不想关注，觉得你很普通、各种不舒服。

你们如果想做好微商，一定要保持积极阳光正能量，高端大气上档次的节奏，千万不要发一些寂寞空虚冷的内容，比如前段时间老看到某个微信好友这么发微信，爱上一个不该爱的男人，我该何去何从。每次看完这些我都觉得她很无聊，对她印象很差！但是因为认识，不好意思拉黑，所以就设置了不看她的内容，拉黑了也找不到我买面膜了，所以我不拉黑，但是她在我心中的印象已经定性为非常低端的那种。天天发这种消极的东西，这个号一定会沦为废号，记住我们的微信号一定要养，一定要让别人一看就非常喜欢，不要让别人看到你的微信有各种不舒服。

第三，发朋友圈的内容最好是原创的，至少要有自己的理解和见解在里面。每个人的朋友圈都是不一样的，所以一定要结合自己的情况，发之前好好想想编辑什么文字配什么图片，设想一下发出去以后朋友对你的印象是加分还是减分，这些都要好好琢磨。教大家两个小技巧：第一个是字数不要太多，人家不是来看报告的，人的大脑在短时间内只有那么多存储量，太多就记不住了，新浪微博为什么只限定 140 个字就是这个原因。第二个是对准时间去发，而不是盲目地随心所欲地想发就发，比如你可以早上七点半到八点之间发一条，上午十点左右发一条，下午一点到两点发一条，傍晚五点半左右发一条，晚上十点左右发一条。

大家记住了，朋友圈内容编辑得好不好跟你的生意好不好是直接相关的，为什么同样价格的东西有人卖不出去有人卖得出去，因为有人没有理解微信营销是营销而不是推销。我从来不主动跟别人推销面膜，而是通过朋友圈把她们吸引过来，主动咨询我，再帮她介绍。推销是利用价格把产品卖出去，营销是通过产品把价格卖上去，所以如果你做得不如别人好，一定从自身找原因，翻翻你自己的朋友圈看看你所发的东西发对了没有，看看别人做得好的是怎么发的。你想做微商就要把朋友圈当作你的公司，只有把你的公司经营好了别人才会买你的产品，如果你连基本的门面都没有，你怎么让别人去买你的产品。每次发信息之前一定要问问自己这条信息该不该发，不是发给自己看的，你得从别人的角度去全面思考、用心经营你才会做好，否则你将走得很累。

现在给大家分享案例，这是非常成功的例子，如图 13 所示。

茉莉是湖南益阳招商局的一名公务员，一个月工资 2500 元，因为偶然的一次机会听了我们 ×× 课之后，回去 7 天就赚了 5000 元，图 13 是她前段时间的收入情况。大家有没有数好后面的零，26000 多元，一个月赚 2 万多元这是什么概念，她跟我们 ×× 说在没认识你之前上班上一年才存 1 万多元，而她通过微信营销一个月不到就赚了将近两年存起来的年薪。各位，一名公务

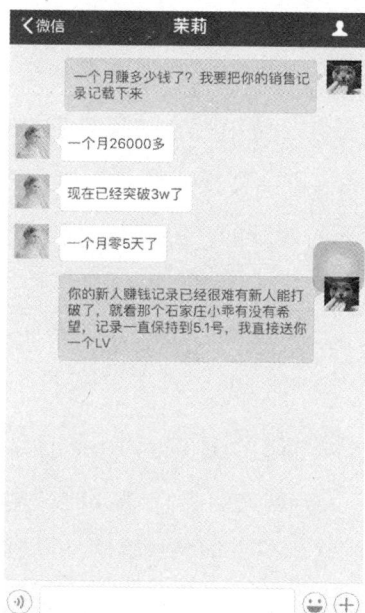

图 13　茉莉的微信截图

员要想改变自己的生活，她是不可能出来创业的，只有通过微信营销才能改变她的生活，既不影响工作，又赚到了钱。

　　由于时间关系案例就不多说了，别人赚得再多都不是我们的，越来越多的"草根"已经逆袭成功了，我们每个人都要做"万元户"然后进军"十万俱乐部"，只要努力这绝对不是一个遥远的梦。咱们每天都满腔热血的，怎么可以比那些人差！很多人问，为什么听完微信课就能赚钱呢？我有这个能力吗？不是能力的问题，大家记住了，这就是一个商机，就像十年前的淘宝。现在微信营销也是一样，并不是他们有能力，而是因为这是一个商机，记住了，当这个商机不再称为商机的时候你再来做就不可能赚钱了，就比如现在的淘宝，你再去开淘宝店试试，如果你没有资金去引流，没有去做直通车，没有做百度推广，想用淘宝去赚钱就太难了，毕竟商机已经过去了。

　　现在，我们看看：如何走出第一步。

　　很多人听完之后不懂怎么做，走出第一步就是你自己要先试用一下产品。说到这里可能群里有个别小伙伴就会觉得心里不舒服了，说老师你的意思不就是想让我买你的产品吗？如果你这么想，不好意思，要让你失望了。第一，我不缺少用户；第二，群里除了我拉进来的朋友即使你找我买，我也绝对不会卖给你。为什么要自己使用呢？一是只有你自己用了才知道产品好不好、性价比高不高，到底值不值得投入精力去做，有了底气你才会做得更好。如果你自己都不敢买、不敢使用的产品，你凭什么让你的用户、你的朋友去买。二是用得好你完全可以自己代言，我们刚开始就说了做微商方法很重要，用自己代言就是软性植入分享式的一种方式，很容易引起别人的好奇心和购买欲。

用自己代言分享到朋友圈后，让你的 10 个朋友使用你的产品，我敢保证10 个人用完后一定有 9 个人会回来购买。大家可以先送给你身边的 10 个人使用，但送人一定要讲究方法，第一个方法就是直接送，但是你会发现你送一个会少一个客户，比如你见到你的朋友就说这个产品很好，你用吧，送给你，结果她心里可能还会想你只是想来挣她的钱，产品根本不好，你才这么送。

举个例子：有个小伙伴她在自己的微信里发了这样一条信息，她说，最近用了一款蚕丝面膜非常好，特别薄透、补水，大家可以看一下，我用了以后皮肤明显好了，而且产品不含铅汞激素、纯天然的，想分享给好友试用，可是数量又不多，要不你们点赞吧，赠送给前十名。当她发完这条微信之后，她的朋友们早就着急了，机会终于来了，肯定纷纷点赞，然后她就可以在她点赞的朋友当中选择有产品购买需求或者潜在需求的十名，有的不是前十名的也送了，使用后基本上都会购买她的产品。除此之外，还可以用体验价的方式送，总之不要让别人觉得是不劳而获的就行。

记住，送人东西一定要讲究方法，千万不要做那种送了别人东西还被别人骂的事情，因为有些人认为免费得来的东西都是垃圾。付出了代价取得的东西才是好东西。

有人问为什么你们的面膜效果那么好，因为我们用的原料是中国最顶尖的原料，我们 ×× 面膜用的是 135 元 / 千克的原料，大家可能不了解这个概念，我跟你们讲一下，×× 大家都知道，它用的是 90 元 / 千克的原料，××

品牌一百多元的面膜用的是 15 元/千克的原料，我们的面膜是它们成本的十倍，所以你们说效果是不是显而易见啊？

有人会问，我们不了解化妆品，怎么办？我告诉你，化妆品不是高科技，只要原料好就一定有效果，有的可能用了铅汞激素，用了铅汞并不是为了效果好，而是为了省钱，因为铅汞的原料是非常便宜的。有个小伙伴就买了我们的产品，她老公是检测局的，因为我们的效果太好了就怀疑我们的产品是不是含有铅汞。然后就拿了我们卖的产品去检测，结果没有检测出任何铅汞。

很多大牌都不敢这么跟你说，亲爱的你拿买回去的产品去检测，绝对不含铅汞。很多大牌都是厂家拿样品去做检测，但是卖的产品是不一样的，而且从来不张扬宣传说你把我的产品拿去随便检测吧。但是我们做到了，××品牌产品随便你拿去检测，都没有问题，因为我们的原料非常好，用的是国内顶尖的原料，135 元/千克的原料，所以效果好而又不含铅汞的产品太少了。不知道拉你们进群的上级有没有跟你们说，目前 ×× 旗下的 ×× 系列产品是由 ×× 代言的。

在这里再跟大家说一下我们公司的制度，不能越级串货、套价低价，也不可以抢用户，一旦被举报，你的上级都会有连带责任，更严重是被取消代理资格，进入经销商官网黑名单。我们公司的前景是非常好的，加入我们公司的正式代理，都可以享受到公司提供的各种各样的福利，这是别的公司没有的，所以希望今天听课的你们，都要珍惜这个机会，不要去动那些歪脑筋，我们一定要做良心生意，这样你才能走得比较远。

有些人在淘宝、微博上可能还会看到一些低价的产品，那些货是假的都极有可能，公司有承诺淘宝低于 198 元都是假货，如果出现问题自己承担一切后果。对于淘宝放低价公开招代理的大家也要注意。你们要跟好你们的上级，因为你的上级通过正规渠道拿货一定是踏踏实实、稳稳当当的，才会招到你们这些好代理。有些人如果你也学那些违规的甚至还跟了他们，他们都不会走太远，你也会受到牵连。还有那种低至几元的绝对是假货，为什么你的上级会叫你去拿授权书，因为每个人的授权书的编号是唯一的，能在官网查询到的，别人才会相信你卖的是正品。大家记住了，我们做生意一定要做良心生意，一定要赚得心安理得，而不是自己赚了钱害了别人，那样你会遭到无数人唾骂，你自己良心上也过不去。

我想告诉大家的是，微营销已经变成一种趋势，此刻，你对微信营销的趋势以及 ×× 集团作为微商行业的领头羊的培训体系都有了初步的了解，我们的承诺是让更多的 ×× 家人们都能够改变现状，从化妆品行业来说，××，从诞生的那一刻开始，就决定要做一个中国人自己的国际品牌出来。不管你在哪个单位上班，不管你现在从事什么职业，不管你是在校生还是家庭主妇，男人还是女人，首先要端正自己的心态。工作不养闲人，团队不养懒人，入一行先不要只惦记着能赚多少钱，先学着让自己端正态度，没有哪个行业的钱是唾手可得的。赚不到钱赚知识，赚不到知识赚阅历，赚不到阅历赚经历，其实赚到以上任何一点就不可能赚不到钱，只有先端正自己的态度，才能提升人生的高度。

我曾经看到那些舞台上的分享嘉宾，举手投足那么帅气，开口讲话就有掌声，还没讲完就有人要刷卡埋单，下台就有鲜花，无数人争抢着与他们合影，我认为他们太了不起了，我要是能成为这样的人该有多好。最后我发现只需要一念之间，只要我们愿意张开口，只要我们勇敢，只要我们克服恐惧，美好的事情就会随之而来。所以当大家彻底掌握了微群招商秘诀之后，希望大家一定要练习。我经常说，只要你一次又一次地坚持讲，越到后面步子越快，当你掌握了方法之后，越到后面就会越精彩，所以我们要与自己比拼，随时要问自己：我练了多久？我练了多少次？

最后送给大家一句话，"人因梦想而学习，因学习而行动，因行动而成功。"

附录一

超级文案强力词

你可能看到了太多引人入胜的文案，但你却不知道是什么让这些文案有那么强大的攻心力。这里将为大家揭秘超级文案强力词，以帮助大家巧妙、恰当地使用这些"强力词"，让自己的文案锦上添花。

独家的、想都不敢想、无法相信、炫耀、毫无疑问、最智慧、忐忑不安、成就、闻所未闻、休眠的火山、喷发、壮观、心旷神怡、高达、无论如何都没有想到、天才人物、高手、无穷的魅力、改变我们的命运、战略联盟、天翻地覆、振奋人心、茅塞顿开、做梦也没有想到。

如法炮制、匪夷所思、深信不疑、竟然、最有影响力、每战必胜、成交高手、影响力飙升、收入增加、完美、超级畅销书、转折点、机遇和财富、疯狂地创造、尽情享受、石破天惊、必然、优秀的、领导、创业者、欣喜、任何时候、年薪10万元、惨淡经营、濒临破产。

销售奇迹、最投入、最着迷、最执着、独特人生价值、自信和魅力、彻夜未眠、亿万富翁、密道口、无休止地争论、无地自容、举足轻重、营销专家、生平第一次、掌控自己命运、随时可能、自由、畅快、平庸的泥潭、挣扎、虚度自己的人生、尊重、认可、幸福、急不可耐。

遗憾的、快速突破、没有任何可能、幸运的、传授、百万富翁、兴奋的、疯狂地奔涌、毫无保留、完整的、系统的、快速的、窥视、量身定做、最密集、最系统。

魔术师、如此轻松、快速地赚钱、严重的失策、超级正品、零投入、技术、秘诀、简单的、磁性标题、揭秘、得不偿失、狂笑不止、非同凡响、悲天悯人、炙手可热、世界级、窥觑、心甘情愿、国际自由族、顶级人生、一切、高薪、股权奇迹、赚钱、中央电视台。

迷茫、失落、流浪者、羡慕、敬仰、追捧、精英、赚钱机器、不可思议、好莱坞、神奇、彻底突破、轻而易举、客观的、现金、钞票、财富、极端的、大把大把、30万元、50万元、100万元、并非如此、令人兴奋、大获成功、独特的、不仅如此、惊人的、毫不谦虚、难以置信。

百分之百专注、赚钱、快速赚钱、零投入赚钱、零风险赚钱、最顶尖、绝对不投入、没有任何风险、瞬间、几何倍增、最有力、一定、不为人知、任何人、苦恼、受制于、快速实现、提款机、迅雷不及掩耳、重磅核弹、俯首称臣、最理想、坚决避免、断送、免费宣传。

商业自杀、巧妙设计、毫无阻力、最大限度、灾难性、创意顶峰、永远放弃、金山、非正常、毫无风险、铲除、确保、挫败、不知所措、挫折、磨难、成功、失败、利润。

凯歌、新产品开发路线图、标准模板、必经之路、提出、劳民伤财、拷贝、百分之百赚钱、回报、更重要、从来没有看到过、最严重的失误、纠正的方法、数百万的利润、仍在使用、半个世纪、市场检验、最有效的、可被反复模仿、最安全、最可靠、毫不夸张、不假思索。

罗列更多、好消息、坏消息、不仅如此、代价、无法知晓、99.99%的可能性、肯定、比零还低、三重保护、立即、启动套装、套现版、高品质、从来没有、记录、赚钱秘诀。

口诀、高密度、史无前例、渗透、近千万、财富秘诀、秘密武器、营销武器、毫不犹豫、最佳手段、详解、详细讲解、使用秘诀、设计技巧、操作秘诀、尽情地、无条件、全额返还、剖析、保留、现场、报销、慷慨、高价值、高收益、营销系统、逆转、无须承担、以前不可能看到。

轻松赚钱、财富命运、人生境界、极大地提升、如此了得、自私的、无私的、一无所知、高投入、低收入、解救、困境、特快专递、多赚100万元、激情和自信、告别一生、自由与付出、千万不要奢望、只能允许、立刻停止、绝无例外、最讨厌、今生唯一、威力巨大。

核武器、瞬间摧毁、不言而喻、杀伤力、详尽、实施工具、制作要领、成功标志、注意事项、随时随地、复制成功、组装完毕、测试完美、秘密武器、免费拥有、极度疯狂、肯定喜欢、兼具、犹豫不决、显然、空想家、无法脱离平庸的人生、强烈要求、特别提醒。

附录二

联合发起人

田丰榕

红万品牌创始人

红万咨询品牌顾问

红万集团董事局主席

世界华人直销促进会教育副秘书长

田丰榕老师 18 年来致力于行销策划与培训。他曾多次与世界伟大的推销员乔·吉拉德、世界房地产销售冠军汤姆·霍普金斯、世界第一行销大师亚伯拉罕、亚洲成功学权威陈安之等一流名师学习成功行销的秘笈。

1990 年，田丰榕老师因疾病缠身两次抢救险遭不幸。一首郑智化的《水手》激励了他，使他与病魔作顽强的斗争，最终获得了健康的体魄！ 1992 年他踏入社会，家境贫寒、穷困潦倒的他捡过垃圾、卖过菜。1993 年他开始从事销售行业。2001 年他是第一个在美容美发行业专注成功励志文化研究并实践成功学的人。目前他是三家公司的总裁、多家企业的营销顾问，拯救了无数企业！曾有一家年销售几百万元的企业通过他辅导，一年突破几亿元的销售额，在营销界创造了不可思议的奇迹。田老师十多年来专注行销和说服力的学习研究，已在全国各地巡回演讲 500 余场，并且点燃了无数创业人士的激情与成功梦想。曾有学生说："作为一名销售人员，如果没有听过田老师的演讲将终生遗憾。如果一生只听一次的话，将遗憾终生。"

田丰榕老师还是《领袖教练技术》《信念的力量》《行销话术》等畅销书的作者，在国内行销界开办了最实战、最易落地的团队系统训练课程，让无数的行销人实现了业绩的倍增。

田丰榕老师说，他毕生的使命就是让中国企业成长起来！让中国行销人伟大起来！

王永红

商业模式设计专家

领袖智慧与系统创富专家

红万集团首席战略顾问

多家行销团队系统资深顾问，领导力与系统创富专家，首创"行销八步"，成为行销团队制胜秘籍、业绩倍增利器，致力于进行系统与模式整体推动。

演讲、学习、书法，成为他人生三大乐事，训练、辅导各类企业500余家，累计学员近10万名。"提升别人，奉献自己，为师为范，献身培训"是他的人生追求。

王老师一直践行"把每一天都当成创业第一天"！充满激情与斗志，充满士气与信念。

"平心尝世味，含笑看人生"也是王老师豁达开朗的人生情怀，不但教学员和团队领袖怎么拼搏，也影响他们如何拥有智慧和格局，拥有幸福与圆满的人生。

张管旭

艺鑫集团创始人

甘肃江苏商会副会长

甘肃温州商会常务理事

中国旗袍协会甘肃总会副会长

2015 年随着中国经济的调整，国家政策的不断改革，他敏锐地观察到"互联网 +"带来的新一轮创业潮即将席卷中国大江南北。他一心为了改变中国实体经济的现状而努力，不给商家造成大量囤货、积压资金。他开创性地创办了"艺鑫电商"，借助互联网突破目前实体企业的瓶颈。公司以"全民皆商，互联互通，分享经济"为核心，创立了手机 App "创亿微盟"，旨在打造一个"大众参与、会员众筹、一起创业、人人分享"的电商平台。引进了当下最先进、最安全的抗衰老技术——"高压雾化除皱"项目。

王小平

毕业于西南财大 EMBA 总裁班

红万集团副总裁

启云资本副总裁

红万酒店管理有限公司 CEO

成都红万企业管理咨询有限公司副总裁

他从事行销行业 20 多年，自 1996 年开始创业，先后担任了多家连锁品牌 CEO（首席执行官）。于 2003 年成功转型，担任红万培训学校校长，正式步入教育行业。2014 年与成都红万企业管理咨询有限公司合作，成为公司原始合伙人。于 2015 年步入酒店行业，从酒店筹建总指挥做起，具有丰富的一线筹建及营运经验。2016 年赴全国知名连锁品牌企业学习后组建红万酒店管理有限公司，同时成为启云资本管理有限公司创业合伙人。现如今通过沉淀多年的团队建设和系统化管理，将成熟的酒店营运专业人才推向市场，打造行业内最具影响力的企业品牌。

阿杜

心灵核爆力首席训练师

红万咨询联合创始人

多家团队执行力打造训练导师，心灵成长动力训练总教练、专业催眠潜能开发教练，被业内誉为"激情成交王子"。阿杜老师10年专注于中国行销执行力的打造、品牌及营销策划，专注于团队教育训练领域并定位一生只做一件事，就是帮助别人成功。

他与国内众多名师同台演讲及交流，全国巡回演讲500多场，引爆团队业绩，帮助无数个人和团队业绩翻番。

阿杜老师曾经说过，激情点燃你的世界，执行成就你的梦想。要在目标和梦想面前敢做、敢干、敢执行！他的使命是帮助中国更多直销团队、个人成长和成功。

阿杜老师的人生格言：自信人生，壮志凌云！

沈洁

核爆力系列课程训练师

红万咨询联合创始人

她是一位"80后"新时代"演说天后"，她是中国教育训练界最励志、最幽默、最具气质的女性训练师。沈洁老师近十年对行销行业学习钻研，拥有丰富的一线实战经验，并通过名师指导，服务了60多个系统团队，创作出行销最实战、最实用、最实操、最实效的实战型训练课程。其课程已在中国20多个省市和地区开课，演说数百场引领行销行业中数万名以上行销人突破自我、能力成长、业绩倍增。

沈洁老师落地性的团队咨询辅导深受各系统领袖的青睐，出版著作有《用演说成交》。

沈洁老师的人生格言：我的人生里没有不可能！

Aimee

业绩核爆力特聘导师

红万咨询联合创始人

她从小是留守儿童，但从未放弃过自己。她大学期间开始创业，曾创办多家连锁企业并支持无数大学生创业；她热衷于行销行业，曾担任多家企业的品牌战略规划师并参与多个营销团队的打造；她专注于教育行业，曾帮助过无数系统的团队进行专业咨询和系统服务，引领上百场的心灵成长培训和行销商务礼仪、钻研觉察自我、能量学系列课程的研发，运用道与术的战术思想把最实战、最易落地、最有能量的演说带到全国各地。

被誉为"新行销能量女神"的 Aimee 老师的人生格言：世界上真正的失败只有一种——那就是轻易放弃！

李万利

心灵成长动力训练执行教练

红万咨询联合创始人

李万利老师一直致力于创建卓越的行销系统，让中国直销人成长起来。近十年来，李老师的足迹已踏遍中国 30 多个城市，主讲过几百场训练，影响行销行业数万人，让他们追求卓越、达成目标、收获成功，更重要的是通过李老师实战、实用、实操有效的训练启迪智慧、直指人心，激发行销人的内在原动力，主动调整和改变自我的心态、潜能，从而赢得行销人的一致好评。

李万利老师的人生格言：只要你全力以赴，上天会给你礼物！只要你全力以赴，上天会给你让路！

宋丽萍

金牌主持训练导师

商务礼仪训练导师

红万咨询创业合伙人

　　她秀外慧中、和颜悦色，她气质非凡、敬天爱人。她是红万咨询卓越的训练导师。她多年来一直投身于服务行销训练行业，已在全国多个省市和地区授课。她的课程已帮助了成千上万的行销团队实现了人才倍增和业绩倍增。

　　她一直以来坚持"师者永远做自己所讲，讲自己所做"的宗旨，博学善思，不断超越自己。她的课程打造最实战、最实操、最实效、最易落地的授课方式，只要听过她一次课程你将终生难忘，受益良多。她的教育使命是：帮助更多行销人成长起来，超越自己去攀登梦想的巅峰。

　　宋丽萍老师的人生格言：平凡的出身，也可以创造非凡的人生！

江钧

新行销魔训教练

红万咨询创业合伙人

他是一个不甘平庸、永远不满足现状的励志型讲师，是红万教育最幽默、最励志、最具正能量的激励讲师。

江钧老师通过服务直销人，深知每一位直销人的不易，立志要让直销人成长起来，永远把帮助直销人成长放在第一位。

近十年来，不断地向国际名师学习交流，多次与他们同台演讲，他的足迹踏遍了祖国的大江南北，已在全国30多个城市授课，服务过50多个营销团队，让所有学员感悟人生、终生难忘。

江钧老师的格言：使我痛苦者必使我强大！

孟佳睿

红万咨询落地教练

新行销辣妈创客大使

南京泓瑾佳商贸创始人

她是一位"80后"时尚辣妈，智慧、果敢、睿智、性感。她的笑容是教育界的一缕暖阳，她的斗志是"宝妈"们的榜样，她拼搏的精神是团队追随的标杆。

她激情奋斗于行销界6年，带领行销组织劈波斩浪，战胜艰难险阻。凭着坚定的信念，集众人的智慧、卓越的领导力、严谨的态度、辛勤的付出创造出骄人行销成果。

孟老师多年以来不断地充实知识、挑战自我、匠心独运，研发出微营销实战课程《自媒体营销心法》，励志帮助千万辣妈引爆创客魅力，绽放精彩人生。

孟老师的人生格言：做自信的女性，绽放精彩人生。

陈思朵

合凯品牌微商（云南白药 & 百雀羚）联合创始人

合凯汇华东地区总负责人

上海环球赢家项目负责人

合凯商学院首席导师

合凯汇黑卡股东

她毕业于北京空军指挥学院，中国首部电商影片《电商女人》女主角及品牌创始人，老 A 电商集团副总裁，世界（义乌）微商大会联合发起人，浙江聚乾电子商务有限公司董事长，义乌知名女企业家，5 家知名电商品牌形象代言人。

她从事电商行业 4 年，2012 年正式进入平台电商，从电商代运营、电商培训、电商教育（老 A 电商集团）直到 2016 年正式进军移动互联网。从事电商运营期间，相继代言了中国 5 家电商知名品牌，电商女人品牌魔幻冰巾通过平台电商月销售 20 万条以上，天猫商城喜贝贝儿童家具年销售额突破 1 亿元，帕丽朵神裤月销售额 2400 多万元。看好 2016 年是品牌元年，加入合凯品牌微商（云南白药 & 百雀羚），成为合凯汇联合创始人。短短 6 个月时间，组建一支 2 万人团队。现如今通过一年的团队建设和系统化管理，团队成员突破 3 万人，月销售额最高突破 8000 万元。现在其全国的代理人数不断裂变和稳固向前推进。2017 年——品质元年，将组建一支更具纪律、更具执行力的团队。

严峥嵘

上海有慧文化传播有限公司董事长

厦门有慧文教科技有限公司董事长

泉州慧通企业管理咨询有限公司董事长

有慧文教 O2O 财智商城 / 在线商学院创办人

严峥嵘，字汉荣，号耕心堂主人，江西高安人，本科学历。曾任中学教师，1995 年下海，担任设计师、大型企业高管等职，后自创广告、策划、管理、文化传播等多家公司。

严老师是一位拥有丰富实战经验的讲师，从事企业经营管理 20 年，从事培训授课 10 年，服务过众多知名企业，尤其擅长企业家领导力训练、企业团队打造和企业文化建设。

多年来，除了授课之外，严老师寻师访道，参禅修行，践行和传播中华传统文化。严老师涉猎广泛，精通书法、绘画、艺术设计、策划等。

严老师为人和蔼谦卑，待人热情，具有学者风范和浩然正气。他授课认真严谨、激情澎湃、幽默诙谐，能将课程理论结合生活、工作深入浅出、互动演练、冥想引导……可谓雅俗共赏，老少皆宜，学员受益匪浅。

罗淑铮

成都依美素生物科技有限公司品牌创始人

1978年10月出生，1997年5月进入银杏酒楼工作，先后担任楼面主管、经理、办公室主任、酒楼经理、董事长助理等职务。

2004年3月任四川满庭芳酒店餐饮管理公司董事长助理。

2006年3月投资并经营昆明惠丽景院酒楼，面积800平方米，是一家股东自行设计、风格独特的庭院式花园酒楼，深受昆明当地白领人士喜爱，在昆明小有名气。

2006年6月同满庭芳酒店的股东共同投资筹建了成都锦城轩酒楼，任董事总经理。

2011年11月—2014年12月投资瑞香金阁瑞南餐饮有限责任公司和智兰酒楼。同年锦城轩餐饮管理有限公司承接了都江堰中堰国际酒店经营管理项目、中铁二建工地食堂经营管理项目和中国核动力院新基地过渡期食堂服务项目、新希望旗下绵竹天一学院1号食堂项目，任项目总经理。

2016年5月投资经营了成都依美素生物科技有限公司，创立了伊美施恩品牌，任董事总经理。

林丽

成都源聚德商务信息咨询有限公司总经理

　　成都源聚德商务信息咨询有限公司坐落于成都环球中心，是一家专注于金融衍生产品领域投资与咨询的第三方外包服务公司。融聚国内外顶尖电子商务平台的优势，为用户提供金融等交易服务。它们的主旨是为用户提供最公平、快速、安全、全面的交易服务。

周堃
成都完美衣殿总经理

"上善若水，水善利万物而不争。"这就是周堃先生。

其秉承"打造专业针纺内衣连锁机构"的使命，创立了成都完美衣殿针纺内衣连锁机构，已在川内打造成集内衣代理、批发、加盟、自营、销售、服务为一体的大型高档内衣品牌代理机构。经过 10 年的悉心经营，现在在成都金牛万达广场拥有近 1000 平方米的展厅及一支"招之即来，来之能战"的完美团队。

胡斌

成都高登针织总经理

　　他是成都高登针织创始人兼总经理，创立的高登针织商行迄今已经有 20 年的历史，是一家专业代理国内一线针织品的品牌公司。20 年来，他一直兢兢业业专注针织行业，成功建立了商超、针棉两大销售渠道，销售网点遍布四川各地，与广大合作伙伴建立起长期的战略合作关系。

　　胡斌先生一直以来以"三方共赢，一方放心"为目标，以"用户至上、高效服务"为宗旨，以"共同发展、回报社会"为使命，以实现打造"全国一流的针织品品牌管理公司"为愿景，提倡"以质量求生存，以信誉求发展，以服务为宗旨"的经营理念，在市场竞争如此激烈的今天，依然稳步前行。

陈果

门店文化落地第一人

门店销售体系设计师

门店销售管理实战专家

　　他是门店连锁企业领袖型导师、滋生堂大药房总经理、成都川尚企业管理咨询有限公司总经理，他曾服务过 100 多家企业，致力为企业建立长效管理机制与文化，为打造企业职业化管理团队及销售团队作出了重大贡献，帮助众多品牌企业及经销商团队迅速改善管理，大幅提升业绩，得到行业的高度认可。

杜智明

婕成团队创始人

领导力培训专家

他是成都婕成团队创始人，短短 1 年的时间即将团队做到几千人，他在企业制度、模式、系统及终端销售、团队管理、活动策划等方面都有非常有效的实战经验，他的培训能做到实战、实用、实效。"讲自己所做，做自己所讲"是杜老师的培训宗旨，也是杜老师带领团队的风格。

在杜老师所创立的婕成团队中，他一直灌输和强调"团队都是亲人，没有他们就没有我们"的思想，致力打造：最开心、最有动力、最没压力和杀伤力的团队。

周文华

尚美春天（香港）国际集团常务副总裁

成都吕氏春天服务有限公司副总经理

成都吕氏春天商学院首席培训师

蒂斯蓝黛品牌创始人

内衣营销模式策划专家

　　她在美容培训行业拥有 10 年以上工作经历，负责公司美容院线专业产品销售的管理工作。在美容院线内衣销售、打造王牌团队等方面经验丰富。她凭借认真负责的工作精神和对下属无微不至的关怀，深得公司员工的喜爱和敬重。

胡瑞豪

新媒体实战落地导师

互联网营销软文超级写手

中国首批微营销实战专家，专注微商领域 3 年，拥有丰富的微商操盘、营销策划、系统培训、团队管理等经验，被媒体誉为"90 后微商代表人物"。受邀担任多家企业顾问，已帮助无数微商人实现"弯道超车"，帮助多个品牌企业实现业绩倍增、团队裂变。

一代微商江湖达人，名号响彻云霄，思维天马行空，行动一日千里，梦想纵横天际。

方小红

鑫泰兴酒业连锁总经理

鑫泰兴酒业连锁由 30 年前的 2 人团队发展到今天拥有 30 名员工、4 家直营零售门店的公司。其经营宗旨为：以全国优质酒品保真连锁销售为主业，精心打造最受广大消费者信赖的中国保真酒品连锁销售第一品牌。公司秉承"让广大消费者能够放心地购买到真品美酒"的企业愿景，致力为消费者提供专业的产品选择、安全的保真酒品系统管理和优质服务。

公司主要经销红花郎、国窖 1573、飞天茅台、五粮液、剑南春、沱牌、丰谷等名酒，荣誉代理水井坊、舍得、泸州老窖、泸州老窖一品坊及各国进口红酒。

李小洋

团队建设高级讲师

交互式网购运营专家

婕成商学院联合创始人

他是婕成商学院联合创始人之一，进入行销行业短短两年便创下了惊人的成绩，是婕成商学院团队建设高级讲师，专注于行销团队建设和业绩提升。李小洋老师在培训中严谨且充满激情，具有高度的责任感，在行销培训行业中拥有丰富的实战经验，在培训中可将体验式培训和行销人问题有机结合，善于调动团队的情绪，深受团队成员的喜爱。

周安群

RFC 国际理财规划师

CMF 中国保险精英圆桌会员

她是中国人保险意识的倡导者和传播者。长期以来，周老师一直致力于中国保险业的推广与发展。在她看来保险是一项传播爱心的事业，她以专业的精神、负责任的态度、优质的服务吸引了用户，成为行业的标杆。

她的人生准则是：自强不息，厚德载物，诚实做人，用心做事，用爱托起一片蓝天！

唐金

团队建设专家

心灵成长导师

婕成团队联合创始人

　　他是婕成团队联合创始人之一，作为婕成团队资深团训讲师，他帮助上百位婕成团队成员实现自己的梦想，他的课程包罗大智慧，融合多年的培训经验，团队训练追求高标准，培训效果有目共睹。他以超高的演讲天赋和特有的人格魅力成为婕成团队不可或缺的顶级导师。

康景天
亚洲"90后"超级演说家

康景天，四川达州人，1991年出生，2007年初中没毕业便辍学到杭州打工，做过餐厅服务员，摆过地摊儿，送过外卖；2011年有幸接触到培训行业并开始积极学习，请教、拜访各领域的培训大师，包括陈安之、刘景澜、李践、姜岚昕、梁凯恩等；于2013年10月开始上台分享金融课程"终极财富秘密"，全国已巡回演讲500多场；目前正在做101场"领袖演说之道"公益演讲，希望帮助更多人站到舞台上，实现梦想。

康景天的梦想是：第一，带着家人环游世界；第二，成为亚洲"90后"超级演说家；第三，捐赠101所希望小学；第四，出一本畅销书；第五，把自己的故事拍成电影。

汪蓉

宜宾融信化妆品总经理

宜宾水汪汪美容连锁创始人

宜宾融信生物科技有限公司总经理

成都融信大健康管理有限公司副总经理

　　融信实业创立于2003年，是一家集护肤品销售、培训、美容连锁、养生、生物科技保健于一体的综合型服务企业。经过14年的发展，融信实业旗下已拥有宜宾融信化妆品公司、宜宾水汪汪美容连锁、宜宾融信生物科技有限公司、成都融信大健康管理有限公司四家分公司。

　　融信实业旗下公司致力于服务个人、家庭、企业健康需求，拥有化妆品销售、美容美体、健康养生沙龙讲座、基因检测技术、临床药物代谢基因检测技术、基因组环境评估与干预、生物细胞治疗技术、干细胞储存以及医疗与营养干预技术等全方位的健康管理体系，力求为每一位用户打造私人的健康管理方案，成为每一位用户的私人健康管家。

附录三

梦想合伙人

（排名不分先后）

朱晓明、赵辰、李钊、王立学、夏雨、杨威、王静、陈丽芬、杨涛、彭苗、王丹、赵欣、王振、杨帆、张帅、吴明华、张建平、周国庆、王佳琪、王兴华、杨兴、李世清、张贝贝、王艳丽、胡小燕、姚志勇、向超、赵微笑、陈思思、王文才、王丹、刘洋、冯晶晶、林枫、刘洋、庞英杰、王文龙、肖利华、杨亚东、张清华、谢伟、李喜珠、王晨、林丽、张荣芳、林晶晶、薛志雄、徐建华、叶胜辉、陈珍珠、陈梦露、林宝琴、周一航、王莹、黄国明、林文智、周亮、吴东、吕刚、李留华、肖向慧、王丽中、叶丁、徐佳佳、黄伟伟、杨文、程琪、冯万丈、张红帆、张小卫、杨志勇、王永贺、夏松、苏涛、杨勇、梁宇航、黄艳群、吴迪、苏波、张文华、吴显武、齐伟友、陈琳、陈艺文、姜辉、李鹏、陈国荣、刘月华、宋国启、蒋世伟、陈正兴、丁华、洪翔、闫世勇、王元春、王雷、李振宇、刘冠华、李基德、张伟强、陈胜国、雷银花、张扬、关向潮、尤文雄、王中华、倪萍、王庆华、黄银珠、王亮、钟小明、金陵、赵生、何涛、王文清、李元平、马少杰、罗玲、程玲秀、陈建英、刘杰、马树文、蓝世富、蓝小林、黄艳红、陈启云、熊一凡、熊丽、康琴、李志刚、蔡磊、夏冬、张晓峰、卢梦婷、王芳、彭林、吴桂香、李雅君、蔚蓝郡、关景涛、何永喜、黄艳宏、黄美玲、陈曦、刘超、陈超、张静萍、朱振爱、熊丽、蔡磊、罗恒、王珂、孙晓峰、龚思凡、赵玉、胡忠、孙荣兵、蔡冰、刘小龙、刘欢、张能龙、冯婷、何中海、曹凤莲、王毅、陈薇、莫明、徐莉、陈林飞、曾建华、吴萌、方林、叶子、肖肖、吴生、毛鹏、刘军利、涵涵、王中林、赵晴、成灵秀、马淑文

注：

①梦想合伙人为一次性团购本书超过 50 本的成员。

②因出版时间关系，部分成员和新增成员信息未能收录。欢迎联系微信：yangyin777777 提供信息，再版时予以补充。